Besser als bloß Ja und Amen

Gebete und Texte

Besser als bloß Ja und Amen

Gebete und Texte

herausgegeben von
Manfred Becker-Huberti

Aschendorff Verlag

Dieses Gebetbuch ist aus „Gebetszetteln“ entstanden, die im Bistum Münster vom damaligen Generalvikar Heinrich Janssen erstmals hergestellt wurden. Sie wurden dann im Erzbistum Köln nachgedruckt und durch viele weitere ergänzt. Inzwischen haben sie eine Gesamtauflage von mehr als 3 Millionen Exemplaren erreicht.
Es ist nicht in allen Fällen gelungen, die Rechteinhaber von verwendeten Texten festzustellen. Sollte jemand übersehen worden sein, bittet der Herausgeber um Nachsicht.

Einbandfoto: Andreas Lechtape, Münster

Gesamtherstellung: Aschendorff Medien GmbH & Co. KG, Druckhaus Münster, 2003

Gedruckt auf säurefreiem, alterungsbeständigem Papier ♾

ISBN 3-402-03438-7

Inhalt

Grundgebete

Kreuzzeichen

Im Namen des Vaters
und des Sohnes
und des Heiligen Geistes.
Amen.

Das Kreuzzeichen (aus der Zeit von 150 bis 200 n. Chr.) ist eine Segensform, ein Zeichen der Erlösung. Gemeinsames und persönliches Beten beginnen wir meist mit dem Kreuzzeichen.

Wenn wir eine Kirche betreten, nehmen wir Weihwasser (Erinnerung an das Taufwasser!) und machen das Kreuzzeichen.

Wir führen beim Kreuzzeichen die (rechte) Hand von der Stirn zur Brust, von der linken Schulter zur rechten.

Vater unser

Vater unser im Himmel,
Geheiligt werde dein Name.
Dein Reich komme.
Dein Wille geschehe, wie im Himmel so auf Erden.
Unser tägliches Brot gib uns heute.
Und vergib uns unsere Schuld,
wie auch wir vergeben unsern Schuldigern.
Und führe uns nicht in Versuchung,
sondern erlöse uns von dem Bösen.

Denn dein ist das Reich
und die Kraft
und die Herrlichkeit
in Ewigkeit.
Amen.

Das „Vater unser" (Pater noster), auch „Gebet des Herrn" genannt, finden wir an zwei Stellen im Evangelium. Es steht bei den Evangelisten Matthäus (Mt 6, 9–13) und Lukas (Lk 11, 2–4). Die Lukas-Fassung ist kürzer.

Gegrüßet seist du, Maria

Gegrüßet seist du, Maria,
voll der Gnade,
der Herr ist mit dir.
Du bist gebenedeit unter den Frauen,
und gebenedeit ist die Frucht deines Leibes, Jesus.
Heilige Maria, Mutter Gottes,
bitte für uns Sünder
jetzt und in der Stunde unseres Todes. Amen.

Das „Gegrüßet seist du, Maria" (Ave Maria) ist das bekannteste Mariengebet. Es enthält im ersten Teil den Gruß des Engels (Lk 1, 28), verbunden mit dem Gruß Elisabet (Lk 1, 42), an den der Name Jesus und das Bittgebet „Heilige Maria" angefügt werden.

Das Apostolische Glaubensbekenntnis

Ich glaube an Gott,
den Vater, den Allmächtigen,
den Schöpfer des Himmels und der Erde,
und an Jesus Christus,
seinen eingeborenen Sohn,
unsern Herrn,
empfangen durch den Heiligen Geist,
geboren von der Jungfrau Maria,
gelitten unter Pontius Pilatus,
gekreuzigt, gestorben und begraben,
hinabgestiegen in das Reich des Todes,
am dritten Tage auferstanden von den Toten,
aufgefahren in den Himmel;
er sitzt zur Rechten Gottes, des allmächtigen Vaters;
von dort wird er kommen,
zu richten die Lebenden und die Toten.
Ich glaube an den Heiligen Geist,
die heilige katholische Kirche,
Gemeinschaft der Heiligen,
Vergebung der Sünden,
Auferstehung der Toten
und das ewige Leben. Amen.

Das Apostolische Glaubensbekenntnis stammt aus dem 4. Jahrhundert. Es enthält in seiner kurzen Form die wesentlichen Inhalte des katholischen Glaubens.

Sanctus

Heilig, heilig, heilig
Gott, Herr aller Mächte und Gewalten.
Erfüllt sind Himmel und Erde
von deiner Herrlichkeit.
Hosanna in der Höhe.
Hochgelobt sei,
der da kommt im Namen des Herrn.
Hosanna in der Höhe.

Das Sanctus (= heilig) ist ein Lobpreis, der in jeder Messe gesungen oder gesprochen wird. Er geht zurück auf einen Text beim Propheten Jesaja (Jes 6, 3).

Glauben verkünden

Deinen Tod, o Herr, verkünden wir,
und deine Auferstehung preisen wir,
bis du kommst in Herrlichkeit.

Nach dem Einsetzungsbericht der heiligen Messe sprechen die Mitfeiernden gemeinsam diesen Ruf.

Jesus Christus

Sei gepriesen, Herr Jesus Christus, Sohn des lebendigen Gottes. Du bist der Erlöser der Welt, unser Herr und Heiland. Komm, Herr Jesus, und steh uns bei, dass wir alle Zeit mit dir leben und in das Reich deines Vaters gelangen. Amen.

Ein Lobpreis

Durch ihn und mit ihm und in ihm ist dir, Gott, allmächtiger Vater, in der Einheit des Heiligen Geistes alle Herrlichkeit und Ehre jetzt und in Ewigkeit! Amen.

Alle Hochgebete der heiligen Messe enden mit diesem Lobpreis. Ähnliche Formulierungen finden wir schon in den Briefen des heiligen Paulus.

Der kleine Lobpreis

Ehre sei dem Vater und dem Sohn und dem Heiligen Geist, wie im Anfang, so auch jetzt und alle Zeit und in Ewigkeit. Amen.

Das „Ehre sei dem Vater“ wird kleiner Lobpreis genannt im Unterschied zum „Großen Lobpreis“, dem Gloria der heiligen Messe. Der kleine Lobpreis stammt aus dem 4. Jahrhundert.

Der große Lobpreis

Ehre sei Gott in der Höhe
und Friede auf Erden den Menschen seiner Gnade.
Wir loben dich,
wir preisen dich,
wir beten dich an,
wir rühmen dich und danken dir,
denn groß ist deine Herrlichkeit:
Herr und Gott, König des Himmels.
Gott und Vater, Herrscher über das All,
Herr, eingeborener Sohn, Jesus Christus.
Herr und Gott, Lamm Gottes, Sohn des Vaters,
du nimmst hinweg die Sünde der Welt:
nimm an unser Gebet;
du sitzest zur Rechten des Vaters:
erbarme dich unser.
Denn du allein bist der Heilige,
du allein der Herr,
du allein der Höchste:
Jesus Christus,
mit dem Heiligen Geist,
zur Ehre Gottes des Vaters. Amen.

Das Gloria (= Ehre, Ruhm, Preis) ist ein Lob- und Bittgesang und wird bei festlichen Gottesdiensten gesungen oder gesprochen. Der endgültige Text stammt aus dem 9. Jahrhundert.

Schuldbekenntnis

Ich bekenne Gott, dem Allmächtigen,
und allen Brüdern und Schwestern,
dass ich Gutes unterlassen und Böses getan habe –
ich habe gesündigt in Gedanken, Worten und Werken
durch meine Schuld, durch meine Schuld,
durch meine große Schuld.
Darum bitte ich die selige Jungfrau Maria,
alle Engel und Heiligen
und euch Brüder und Schwestern,
für mich zu beten bei Gott, unserem Herrn.

Es gibt viele Texte zum Schuldbekenntnis. Das vorliegende Gebet ist das Allgemeine Schuldbekenntnis, das in der Eucharistiefeier gebetet wird.

Morgengebete

1. **Wir loben dich,** Herr Jesu Christ,
weil es nun Tag geworden ist
und du uns das Licht gegeben.
Gib uns auch Gnade und die Macht,
dass wir den Tag, den du gemacht,
nach deinem Willen leben.

2. **Herr, schau herab auf uns** und leite uns.
Lass leuchten über uns dein Antlitz.
Lass unserer Hände Werk gelingen;
ja, lass gelingen unserer Hände Werk.
Die heilige Jungfrau Maria und alle Heiligen
mögen für uns eintreten bei Gott,
damit er uns gnädig seine Hilfe schenke
und sein Heil,
der da lebt und herrscht in alle Ewigkeit.

Abendgebete

1. **Sei unser Heil,** o Herr, derweil wir wachen,
behüte uns, da wir schlafen, auf dass wir
wachen mit Christus und ruhen in Frieden.
(aus dem Abendgebet der Kirche)

2. **Christus, der du bist Tag und Licht,**
vor dir besteht die Nacht ja nicht;
du strahlst in deiner Gottheit Glanz,
lehr uns den Weg zur Wahrheit ganz!
Lass deine Engel bei uns sein,
dass wir in Frieden schlafen ein!
O heiligste Dreifaltigkeit,
dich loben wir in Ewigkeit!

3. **Dein ist der Tag und dein ist die Nacht,**
lass leuchten das Licht deiner Wahrheit.
Vieles war heute gut, schön und wertvoll ...;
ich danke dir dafür.
Anderes war halb, nutzlos und böse ...;
verzeih mir!
Du kennst mich, du liebst mich.
Dir vertraue ich.
Sei bei mir in der Ruhe der Nacht
und lass mich morgen gesund erwachen.

Tischgebete

Vor dem Essen

1. **O Gott, von dem wir alles haben,**
wir danken dir für diese Gaben.
Du speisest uns, weil du uns liebst.
O segne auch, was du uns gibst.
Amen.

2. **Wir wollen danken für unser Brot,**
wir wollen helfen in aller Not.
Wir wollen schaffen, die Kraft gibst Du.
Wir wollen lieben, Herr, hilf dazu.

3. **Aller Augen warten auf dich, o Herr;**
du gibst uns Speise zur rechten Zeit.
Du öffnest deine Hand und erfüllst alles,
was lebt, mit Segen.

Nach dem Essen

4. **Dir sei, o Gott, für Speis und Trank,**
für alles Gute Lob und Dank.
Du gabst, du willst auch künftig geben.
Dich preise unser ganzes Leben.
Amen.

5. **Herr, vergilt in Güte allen,**
die uns um deines Namens willen Gutes tun,
und schenk ihnen das ewige Leben.
Danket dem Herrn, denn er ist freundlich,
und seine Güte währet alle Zeit.
Amen.

Engel des Herrn – Angelus

V. **Der Engel des Herrn** brachte Maria die Botschaft,
A. und sie empfing vom Heiligen Geist.
Gegrüßet seist du, Maria ...
V. Maria sprach: Siehe, ich bin die Magd des Herrn;
A. mir geschehe nach deinem Wort.
Gegrüßet seist du, Maria ...
V. Und das Wort ist Fleisch geworden
A. und hat unter uns gewohnt.
Gegrüßet seist du, Maria ...
V. Bitte für uns, heilige Gottesmutter,
A. dass wir würdig werden der Verheißung Christi.
V. Lasset uns beten. – Allmächtiger Gott, gieße deine Gnade in unsere Herzen ein. Durch die Botschaft des Engels haben wir die Menschwerdung Christi, deines Sohnes, erkannt. Lass uns durch sein Leiden und Kreuz zur Herrlichkeit der Auferstehung gelangen. Darum bitten wir durch Christus, unsern Herrn.
A. Amen.

Der „Angelus" (= Engel) ist ein altes Gebet. An vielen Orten erinnert morgens, mittags und abends das Läuten einer Kirchenglocke (Angelusläuten) daran. Das Gebet verbindet mit dem Gruß an die Gottesmutter ein Gedenken an die Menschwerdung, aber auch an Leiden und Auferstehung Jesu Christi. Zwischen den Versen aus der Hl. Schrift wird je ein „Ave Maria" gebetet.

Freu dich, du Himmelskönigin
Regina caeli

Freu dich, du Himmelskönigin, Halleluja!
Den du zu tragen würdig warst, Halleluja,
er ist auferstanden, wie er gesagt hat, Halleluja.
Bitt Gott für uns, Halleluja.

V. Freu dich und frohlocke, Jungfrau Maria, Halleluja,

A. denn der Herr ist wahrhaft auferstanden, Halleluja.

V. Lasset uns beten. – Allmächtiger Gott, durch die Auferstehung deines Sohnes, unseres Herrn Jesus Christus, hast du die Welt mit Jubel erfüllt. Lass uns durch seine jungfräuliche Mutter Maria zur unvergänglichen Osterfreude gelangen. Darum bitten wir durch Christus, unsern Herrn.

A. Amen.

Während der Osterzeit wird anstelle des „Engel des Herrn" „Freu dich, du Himmelskönigin" (Regina caeli) gebetet.

Salve Regina

Sei gegrüßt, o Königin, Mutter der Barmherzigkeit, unser Leben, unsre Wonne und unsre Hoffnung, sei gegrüßt! Zu dir rufen wir verbannte Kinder Evas; zu dir seufzen wir trauernd und weinend in diesem Tal der Tränen. Wohlan denn, unsre Fürsprecherin, wende deine barmherzigen Augen uns zu, und nach diesem Elend zeige uns Jesus, die gebenedeite Frucht deines Leibes. O gütige, o milde, o süße Jungfrau Maria. *(Elend bedeutet Leben in der Fremde.) Die Entstehung dieses Gebetes lässt sich in die Zeit um 1000 zurückverfolgen. In der Zeit nach Pfingsten bis zum 1. Advent ist es die Schluss-Antiphon (= Gesang) des Stundengebetes der Kirche.*

Der Rosenkranz

Der Rosenkranz besteht immer aus einem Kreuz und 59 Perlen. Jede dieser Perlen bedeutet ein Gebet. Es bilden 55 Perlen eine zusammenhängende Kette. Sie ist an einer Marienplakette als Verbindungsglied zusammengefügt. Hieran hängt eine Kette mit 5 Perlen und einem Kreuz. Das Rosenkranzgebet bringt uns in enge Verbindung mit dem Leben, dem Leiden und der Herrlichkeit Jesu. Die Geheimnisse seines Lebens und Leidens werden durch die Wiederholung des Ave Marias erinnert.

Das Ave Maria wird immer zehnmal gebetet (ein „Gesätz“). Nach dem Namen „Jesus“ wird das entsprechende Geheimnis eingefügt.

Eröffnung

Im Namen des Vaters ... Ich glaube an Gott ...
Ehre sei dem Vater ... Vater unser ...
Gegrüßet seist du, Maria ...
Jesus, der in uns den Glauben vermehre.
Jesus, der in uns die Hoffnung stärke.
Jesus, der in uns die Liebe entzünde.
Ehre sei dem Vater ...

Die freudenreichen Geheimnisse

Jesus, den du, o Jungfrau, vom Heiligen Geist empfangen hast.
Jesus, den du, o Jungfrau, zu Elisabeth getragen hast.
Jesus, den du, o Jungfrau, (in Betlehem) geboren hast.
Jesus, den du, o Jungfrau, im Tempel aufgeopfert hast.
Jesus, den du, o Jungfrau, im Tempel wiedergefunden hast.

Die lichtreichen Geheimnisse

Jesus, der von Johannes getauft worden ist.
Jesus, der sich bei der Hochzeit in Kana offenbart hat.
Jesus, der uns das Reich Gottes verkündet hat.

Jesus, der auf dem Berg verklärt worden ist.
Jesus, der uns die Eucharistie geschenkt hat.

Die schmerzhaften Geheimnisse
Jesus, der für uns Blut geschwitzt hat.
Jesus, der für uns gegeißelt worden ist.
Jesus, der für uns mit Dornen gekrönt worden ist.
Jesus, der für uns das schwere Kreuz getragen hat.
Jesus, der für uns am Kreuz gestorben ist.

Die glorreichen Geheimnisse
Jesus, der von den Toten auferstanden ist.
Jesus, der in den Himmel aufgefahren ist.
Jesus, der uns den Heiligen Geist gesandt hat.
Jesus, der dich, o Jungfrau, in den Himmel aufgenommen hat.
Jesus, der dich, o Jungfrau, im Himmel gekrönt hat.

Zum Schutzengel

Heiliger Schutzengel, Gottes liebende Sorge hat dich mir zum Begleiter gegeben. Du bist sein Anruf an mein Gewissen: verhilf mir zu klarer Entscheidung. Du bist seine führende Hand: bleibe bei mir Tag und Nacht. Du bist sein machtvoller Arm: kämpfe mit mir für sein Reich.

Zum Namenspatron

Heilige(r) ..., seit der Taufe trage ich deinen Namen. Bitte für mich bei Gott um die Kraft deines Glaubens, die Größe deiner Hoffnung, die Fülle deiner Liebe. Steh mir bei, dass ich wie du den guten Kampf kämpfe und einst die Krone des Lebens empfange.

Die Zehn Gebote

Ich bin der Herr, dein Gott, der dich aus dem Lande Ägypten, dem Hause der Knechtschaft, geführt hat.

1. Du sollst keine anderen Götter neben mir haben!
2. Du sollst den Namen Gottes nicht verunehren!
3. Gedenke, dass du den Sabbat heiligst!
4. Du sollst Vater und Mutter ehren!
5. Du sollst nicht töten!
6. Du sollst nicht ehebrechen!
7. Du sollst nicht stehlen!
8. Du sollst kein falsches Zeugnis geben wider deinen Nächsten!
9. Du sollst nicht begehren deines Nächsten Frau!
10. Du sollst nicht begehren deines Nächsten Hab und Gut!

Die zehn Gebote (Dekalog = 10 Worte) enthalten die entscheidenden Grundwerte und sind Wegweiser für den Christen. Sie sind Zeichen für den Bund, den Gott mit dem auserwählten Volk Israel am Berg Sinai geschlossen hat. Sie stehen im Buch Exodus (Ex 20, 1–17) und im Buch Deuteronomium (Dtn 5, 6–21). Wir kennen sie meist nur in einer kürzeren Form, die auch hier vorgelegt wird.

Das Hauptgebot der Liebe

Du sollst den Herrn, deinen Gott, lieben
mit ganzem Herzen, mit ganzer Seele und mit all deinen Gedanken.
Das ist das wichtigste und erste Gebot.
Ebenso wichtig ist das zweite:
Du sollst deinen Nächsten lieben wie dich selbst.
Jesus wird einmal gefragt, welches das größte Gebot im Gesetz ist. Wir können das bei Matthäus (Mt 22, 36–40) und Markus (Mk 12, 29–31) nachlesen.

Mit Kindern beten

Gebete für jeden Tag

Gebetstexte, die für viele bestimmt sind, passen nicht für jede Gelegenheit und für jeden einzelnen. Es kann deshalb gut und notwendig sein, die folgenden Gebetstexte zu verändern. Die Gebete sind in der Wir-Form geschrieben. Ein Umsprechen in die Ich-Form kann sinnvoll sein und ist möglich.

1. **Gott, Vater im Himmel,**
ein neuer Tag hat angefangen.
Wir danken dir, dass wir gesund sind.
Wir wollen uns heute Mühe geben zu Hause,
in der Schule,
bei unseren Freunden,
damit dieser Tag gut wird.
Wir wissen, dass du immer bei uns bist.
Das macht uns froh.

2. **Beten kann Freude machen,**
manchmal fällt das Beten aber auch schwer.
Beten heißt:
mit dem Vater im Himmel sprechen.
Wir können ihm alles sagen,
das, was uns froh macht,
und auch das, was uns bedrückt.

Das ist gut so.
Lass uns nie vergessen,
dass du unser Vater bist.

3. **Wir danken unseren Eltern,**
die uns das Leben schenkten.
Wir danken ihnen für das Essen,
das sie uns geben.
Wir danken für die Kleider,
die wir tragen.
Wir danken dir, guter Gott,
für alle Menschen, die uns Gutes tun.

4. **Wir spielen gerne** zu Haus und auf dem Schulhof.
Manchmal gibt es Streit und Krach unter uns.
Da verbünden wir uns mit einer ganzen Bande.
Wir kämpfen gegen einen Schwächeren,
viele gegen einen.
Das ist unfair.
Gib du uns Mut, beim Spiel ehrlich
und verträglich zu sein.

5. **Lieber Vater im Himmel,**
Wir können laufen und springen.
– Wir danken dir.

Wir können sehen und hören.
– Wir danken dir.
Wir können spielen und lustig sein.
– Wir danken dir.
Wir sind gesund und lebendig.
– Wir danken dir.

6. **Guter Gott,**
wir dürfen zur Schule gehen.
Wir sind gesund.
Es gibt andere Menschen in unserer Stadt,
die sind krank,
die sind allein.
Sie haben Schmerzen oder Angst.
Sie brauchen Hilfe.
Sie warten auf Besuch.
Lass Menschen zu ihnen gehen,
die gut zu ihnen sind.
Auch wir können helfen.

7. **Herr Jesus Christus,**
durch die Taufe gehören wir zu dir
und zu deiner Kirche.
Gib uns deinen Geist,
der uns nicht müde werden lässt,
deine Kirche zu sein.

8. **Gib uns Freude jeden Tag.** Lass uns nicht allein.
Für die kleinsten Freundlichkeiten
lass uns dankbar sein.
Denn du, unser Gott,
nimmst uns alle bei der Hand.
Lass uns nicht allein.

9. **Guter Gott,**
weil du uns liebst, leben wir.
Du wartest auf uns,
ob wir etwas Gutes aus unserem Leben machen.
Wir können dich nicht sehen,
aber wir vertrauen auf dich,
auch wenn wir nicht alles verstehen.
Du wirst uns nie verlassen. Amen.

10. **Wir haben satt zu essen.**
Es gibt aber auch Kinder, die nicht satt werden.
Wir haben eine warme Wohnung.
Andere Kinder müssen frieren.
Wir sind gesund.
Andere Kinder liegen im Krankenhaus.
Wir können spielen.
Aber überall gibt es Kinder, die traurig sind.
Jesus, wir wollen uns um die anderen kümmern.
Mach uns Mut dazu!

11. **Unser Vater im Himmel,**
jeden von uns hast du gern.
Du hast uns beschenkt.
Jeder kann etwas anderes.
Der eine rechnet schnell,
der andere zeichnet sehr schön,
ein dritter schreibt und erzählt gut,
der nächste ist ein prima Freund.
Niemand von uns kann alles gut,
auch die großen Leute nicht.
Wir wollen uns gegenseitig helfen.

12. ... (Name) **ist schon länger nicht bei uns.**
Sie (er) ist krank.
Für sie (ihn) bitten wir dich, unser Gott.
Lass sie ihre (ihn seine) Schmerzen geduldig aushalten und nicht traurig sein.
Wir freuen uns, wenn sie (er) bald wieder bei uns sein kann.

13. **Heute habe ich Geburtstag** (Namenstag).
Alle haben mir Glück gewünscht,
Vater, Mutter und meine Geschwister.
Der Lehrer und alle Jungen und Mädchen in der Klasse.
Alle haben mich lieb.

Du auch, guter Gott.
Du hast mich erschaffen.
Ohne dich wäre ich nicht da.
Ich freue mich,
dass ich auf deiner Erde sein darf,
dass du uns immer wieder froh machst.

Es folgen zwei Beispiele für meditatives Beten mit Kindern:

14. Ich kann hören.

Ich höre jetzt Geräusche, Schritte, Klänge ...
Oft höre ich Menschen sprechen. –
Einer spricht, er formt Sätze.
Sie kommen zu mir, unsichtbar.
Sie dringen in mein Ohr.
Die Gedanken des anderen bauen sich in mir auf. –
Manchmal höre ich ein Wort der Liebe.
So spricht Mutter.
Dann spüre ich: Ich bin verstanden, angenommen. –
In meinem Leben habe ich schon eine Fülle gehört!
Bei diesem Gedanken verweile ich. –

Ich empfinde Dankbarkeit gegenüber der Welt und vielen Menschen und gegen dich, Gott, der mich hören lässt.

15. **Ich habe viele Wünsche. –**
Ich möchte anerkannt werden.
Ich möchte richtig leben,
ein Ziel haben, für das es sich lohnt zu leben,
den Weg dahin wissen,
etwas besitzen, das nicht verlorengeht. –
Ich möchte einen Freund haben,
der immer bereit ist, mich anzuhören,
der mich immer versteht,
der mir meine Fehler sagt,
ohne mich zu entmutigen,
der sich über meine Liebe freut,
der mir Unangenehmes in Gutes umwandelt,
der meine Traurigkeit wegjagt und mich froh leben lässt. –
Wer erfüllt mir diese Wünsche?
Viele Menschen mühen sich darum.
Doch oft fühle ich mich nicht verstanden. –
Gibt es für mich einen solchen Freund überhaupt?
Auf diese Frage sagt einer Ja.
Jesus.

Er spricht: „Ich will für dich da sein, immer.
Ich will mit dir durchs Leben gehen,
durch Freude und Leid, treu.
Ich will dich zum Ziele führen,
zu einem Leben ohne Ende,
zu deinem letzten Glück.
Dein Freund will ich sein." –

Mit der Bibel beten

In der Heiligen Schrift stehen viele Gebete. Darüber hinaus bietet sie uns „Stoff", Gebete zu formulieren.

1. **Ich will dich, Gott, vor allen Kindern preisen**
und deinen Namen groß an den Himmel schreiben.
Ich will von deiner Güte erzählen und von deiner Macht über die ganze Erde.
Du rettest die Menschen, die du liebst,
und hilfst denen, die du in dein Herz geschlossen hast.
Du willst den Frieden unter uns
und nicht den Streit.
Du willst die Liebe und nicht den Hass.
Mit Gott werden wir große Dinge tun.

Wir werden deinen Namen preisen
und groß an den Himmel schreiben.
(nach Psalm 103)

2. **Herr, lass uns die Kraft deines Heiligen Geistes**
empfangen, der über uns kommen will,
damit wir deine Freunde sind
bis an die Grenzen der Welt.
(nach Apg 1, 8)

3. *In einem Brief des Apostels Paulus an die Christen in Thessalonich stehen Gedanken, aus denen wir ein Gebet machen können:*
Wir gehören zu Jesus Christus.
Das muss man uns anmerken können.
Wir wollen deshalb fröhliche Menschen sein.
Wir wollen uns dankbar zeigen
und gut sein.
Wenn einer mutlos ist,
versuchen wir ihn aufzumuntern.
Jeder kann mit seiner Kraft Gutes tun.
Jesus Christus, gib uns dazu deinen Heiligen Geist.

Wir glauben an Gott

Neben den offiziellen Texten des kirchlichen Glaubensbekenntnisses gibt es andere Beispiele, den Glauben auszusprechen. Die vorliegenden Beispiele mögen anregen, mit einer Gruppe oder in einer Klasse ein Glaubensbekenntnis aufzuschreiben.

1. **Ehre sei dem Vater**
   und dem Sohn
   und dem Heiligen Geist,
   wie im Anfang, so auch jetzt und alle Zeit
   und in Ewigkeit. Amen.

2. **Ich glaube an Gott.**
   Er ist größer und mächtiger als alles auf der Welt.
   Er hat die Welt erschaffen,
   aber er ist auch unser Vater, der uns lieb hat.
   Zu ihm können wir immer Vertrauen haben.

3. **Wir glauben,**
   dass der Vater im Himmel um uns ist
   bei Tag und Nacht.
   Er hat die Sonne gemacht, den Mond
   und die Sterne,
   die Wolken und den blauen Himmel.

Er hat uns Kindern Vater und Mutter geschenkt.
Er hat uns die Bäume und die Blumen
gegeben und die Tiere.
Er hat uns gesunde Hände und Füße gegeben
und Augen und einen Mund,
mit dem wir reden können
und einander anlachen und einander liebhaben.
Er hat auch alle Menschen gemacht.
Er will, dass wir im Frieden miteinander leben.
Wir danken ihm für alles. Amen.

4. **Unser Vater heißt Gott.**
Das ist sein Name.
Sein Name sagt:
Gott ist höher als der Himmel.
Gott ist tiefer als das Meer.
Gott ist schöner als die Welt.
Gott ist anders als alles. Er ist heilig.
Wir wollen seinen Namen loben.

Im Kirchenjahr

Es gibt noch viele andere Feste und Feiern, für die man einen Gebetstext suchen sollte, z.B. Advent, Fastenzeit, Marienfeste u.a. Die drei folgenden Gebete können leicht verändert das ganze Jahr hindurch gebetet werden.

Gott ist Mensch geworden

Wir freuen uns, dass bald Weihnachten ist.
Wir bekommen Geschenke und machen Geschenke,
weil Jesus zu uns gekommen ist.
Er wurde vor vielen hundert Jahren geboren.
Wir danken dir, guter Gott,
dass Jesus uns so viel von dir erzählt hat.
Er hat uns eine frohe Nachricht gebracht.
Er hat uns gesagt:
Du bist unser Vater im Himmel.
Du sorgst für uns.
Du hast uns alle gern.
Hilf, dass wir das verstehen und nie vergessen.

Jesus ist von den Toten auferstanden

Jesus, die Menschen haben dich getötet.
Das ist nicht zu begreifen.
Aber das ist nicht das Ende.

Deine Freunde haben es auf einmal begriffen.
Sie haben es allen weitergesagt:
Du bist nicht tot.
Du lebst.
Du bist uns ganz nah.
Das ist die frohe Botschaft.
Wir sind deine Freunde heute.
Lass uns das nicht vergessen.

Jesus hat uns den Heiligen Geist geschenkt

Gott ist bei uns.
Am Pfingsttag kam der Heilige Geist.
Er kam zu den Jüngern,
als sie ratlos waren und warteten.
Dann verstanden sie alles,
was Jesus gesagt und getan hatte.
Sie erzählten allen Menschen:
Gott hat uns erlöst!
Der Heilige Geist ist bei uns geblieben.
Ich kann ihn nicht sehen.
Er ist Gottes Geist.
Weil er da ist, kann ich Jesus lieben.
Danke, Jesus!
Du hast uns nicht allein gelassen.

Gebete für junge Menschen

Gebete für jeden Tag

„Gebet und Bittgebet wollen nicht Gott für den Menschen geneigt machen – Er ist es schon – sondern umgekehrt, den Menschen für Gott“ (O. Karrer).
Gebetstexte, die für viele bestimmt sind, passen nicht für jede Gelegenheit und für jeden einzelnen. Es kann deshalb gut und notwendig sein, die folgenden Gebetstexte zu verändern.

Gott, so oft wird gesagt,
du seist uns kein Fremder geblieben.
Sei nahe denen, die zu dir beten.
Lass uns sehen und erleben,
dass wir auf deine Worte bauen können.
Mach uns gläubig.
Lass uns voll Freude
Jesus Christus erkennen:
deinen Sohn in unserer Mitte.

Gott, unser Vater,
du weißt: In unserem Leben sind
Hoffnung und Verzweiflung oft nahe beieinander.
Bitte, lass uns in dieser Woche
unser eigenes Leben besser verstehen lernen.

Gott, unser Vater,
über jeden von uns hältst du deine Hand.
Du hast jedem Talente und
besondere Neigungen gegeben.
Wir wollen unsere Fähigkeiten füreinander
einsetzen.
Gib uns Einsicht,
die eigenen Grenzen zu sehen.
Lass uns dankbar sein für die Hilfe
guter Menschen.

Heiligen Geist
hast du uns gegeben.
In diesem Geist wollen wir
die Wahrheit suchen
und dein Wort achten,
damit wir Jesus finden,
dein Leben, unseren Weg,

Ganz nah ist dein Wort,
Herr, unser Gott.
Begegne uns mit Macht und Erbarmen.
Wir öffnen nun unsere Herzen und Ohren
für dich und Jesus Christus, deinen Sohn.

Allmächtiger Gott,
lass uns alle, die hier sind,
Ehrfurcht haben vor der Überzeugung des andern.
Wir wollen einander helfen,
die vielen Fragen zu klären,
vor die uns eine neue Zeit gestellt hat.

Gott, unser Vater,
du allein weißt,
wie sehr jeder von uns mit sich selbst zu tun hat –
wie er allein dasteht mit seinen Wünschen
und Sorgen –
mit seinen Fragen und mit seiner Hoffnung.
Öffne unseren Blick füreinander,
damit wir uns erfahren in der Liebe deines Sohnes,
unseres Herrn Jesus Christus.
Gott,
du weißt,
was uns immer wieder daran hindert,
einander anzunehmen und gut zu sein.
Wir wollen mehr Verständnis füreinander
aufbringen
und so am Aufbau einer Welt mithelfen,
wie du sie gewollt hast.

Herr, unser Gott,
du Vater aller,
lass uns gemeinsam mit allen Menschen
guten Willens
einen Ausweg suchen
aus der Friedlosigkeit unserer Zeit.
Lass uns den finden,
der für alle Zeiten
der Weg, die Wahrheit und das Leben ist.

Herr, unser Gott,
gib uns den Geist Jesu Christi,
der Menschen zueinander führt
und untereinander vereint,
und lass jeden von uns zum Frieden
für seine Mitmenschen werden.

Herr, sei vor uns und leite uns;
Sei hinter uns und zwinge uns;
Sei unter uns und trage uns;
Sei über uns und segne uns;
Sei um uns und schütze uns;
Sei in uns und erfülle uns,
dass Geist, Seele und Leib

dir recht dienen
und deinen Namen heiligen.
(Nathan Söderblom)

Wir denken an dich,
wenn wir gerade Lust haben,
wenn wir selber nicht mehr weiter wissen,
wenn uns danach zumute ist,
dann sagen wir auch mal:
Gott!
Wir glauben an dich,
aber ohne viel zu denken,
aber ohne uns festzulegen,
aber nur solange es nichts kostet,
so leben wir vor dir:
Gott!

Worauf sollen wir hören, sag uns worauf?
So viele Geräusche –
welches ist wichtig?
So viele Beweise –
welcher ist richtig?
So viele Reden –
ein Wort ist wahr: Jesus ist der Herr.

Wofür sollen wir leben, sag uns wofür?
So viele Gedanken –
welcher ist richtig?
So viele Programme –
welches ist richtig?
So viele Fragen –
die Liebe zählt:
Sie führt Gott und Mensch zusammen.

Beten mit der Heiligen Schrift

Beten mit der Heiligen Schrift heißt, teilnehmen an den Fragen und Zweifeln, an dem Vertrauen und Glauben vieler Menschen. Beten mit der Heiligen Schrift heißt, die Zuneigung Gottes zu uns erfahren, das, was Gott uns Menschen verheißt und zumutet.
Es ist eine lohnende Aufgabe, Stellen in der Hl. Schrift herauszusuchen, die „Stoff" für unser Beten bieten.

Ein Lied, das über 2500 Jahre alt ist!
Es steht im Alten Testament als Psalm 117.
Lobet den Herrn, alle Völker,
preiset ihn, ihr Menschen alle!
Denn mächtig waltet über uns seine Huld,
und seine Treue bleibt in Ewigkeit.

Ein Wort, das Mut macht und zum Handeln auffordert, lesen wir beim Propheten Jesaja:
Suchet den Herrn, solange er zu finden ist.
Ruft ihn an, solange er nahe ist.
Der Gottlose kehre um von seinem Wege
und der Böse von seinen Gedanken.
Er kehre um zum Herrn,
der wird sich seiner erbarmen,
zu unserem Gott,
denn bei ihm ist viel Vergebung.
(Jes 55, 6)

Wir hören einen kurzen Text, den der Apostel Paulus in einem Brief an die Gemeinde von Korinth geschrieben hat. Die Worte des hl. Paulus sind eine Frage an uns.
Herr, wir sollen dein Empfehlungsbrief sein,
der von allen Menschen gelesen und verstanden werden kann.
Wir sind ein Brief von dir –
geschrieben nicht mit Tinte,
sondern mit dem Geist des lebendigen Gottes –
nicht auf steinerne Tafeln,
sondern in menschlich fühlende Herzen.
(nach 2 Kor 3, 2–3)

Aus Gedanken, die älter als zweitausend Jahre sind, können wir unsere Gebete formulieren.

Preiset den Herrn –
ich habe den Sinn meines Lebens gefunden:
ich habe mich aufgemacht zum Herrn,
anderen den Weg gezeigt,
sie begleitet,
ihre Lasten getragen und sie beschenkt
und so den Sinn meines Lebens gefunden.

Gebete großer Männer und Frauen

Es gibt Gebete, die noch „zu groß“ für uns sind.
Wir sollten sie uns vorsagen lassen.
Diese Gebete muss man ansagen. Sie sind Glaubensbekenntnisse. Sie sagen um so mehr, je mehr man das Leben dieser Beter kennt.

Atme in mir, Heiliger Geist, dass ich Heiliges denke.
Treibe mich, Heiliger Geist, dass ich Heiliges liebe.
Lenke mich, Heiliger Geist, dass ich Heiliges tue.
Stärke mich, Heiliger Geist, dass ich Heiliges wirke.
Bewahre mich, Heiliger Geist, dass ich Heiliges nicht verliere.
(Augustinus)

Herr, mach uns zu Boten deines Friedens,
dass wir dort, wo Hass ist, Liebe bringen;
wo Unrecht herrscht, den Geist des Verzeihens;
wo Uneinigkeit ist, Einigkeit;
wo Irrtum herrscht, Wahrheit;
wo Zweifel ist, Hoffnung;
wo Schatten sind, Licht;
wo Traurigkeit ist, Freude.
(Mutter Teresa in Kalkutta –
und andere ähnlich vor ihr)

Gib uns
reinen Geist,
damit wir dich sehen,
demütigen Geist,
damit wir dich hören,
liebenden Geist,
damit wir dir dienen,
gläubigen Geist,
damit wir dich lieben.
(Dag Hammarskjöld,
Generalsekretär der UNO, † 1961)

Wie leicht ist es für mich,
mit dir zu leben, Herr,
an dich zu glauben!
Wenn ich zweifelnd nicht
mehr weiter weiß
und meine Vernunft aufgibt,
wenn die klügsten Leute
nicht weitersehen
als bis zum heutigen Abend
und nicht wissen,
was man morgen tun muss –
dann sendest du mir eine
unumstößliche Gewißheit,
dass du da bist.
(Alexander J. Solschenizyn, Nobelpreisträger 1970)

Gebete von Nichtchristen

Beten ist der Versuch, das kleine Wort GOTT zu einem Namen zu machen, der etwas für uns heute bedeutet. In unseren Tagen ist es gut, auch auf die zu hören, die keine Christen sind. „Alles, was aufsteigt, strebt zusammen" (P. Teilhard de Chardin).
Diese Gebete sollen zum Nachdenken anregen:

Ich will deinen Namen nennen, sitzend allein
zwischen den Schatten meiner stummen
Gedanken.
Ich will ihn nennen ohne Worte,
ich will ihn nennen ohne Zweck.
Denn ich bin wie ein Kind,
das seine Mutter ruft hundertmal,
froh, dass es sagen kann: „Mutter!"
(Rabindranath Tagore, Indien, 1861–1941)

O Gott,
ich bitte dich um Festigkeit in meinem Vorhaben,
um Beständigkeit in meinem Vorsatz;
ich bitte dich um ein ergebenes Herz,
um eine aufrichtige Rede,
ich bitte dich um das Gute.
(Mohammed, Arabien, um 570–632)

Sage, wie kann ich zu dir kommen.
Einer, der deiner nicht wert,
des Herz hart wie ein Stein ist?
Wie kommt ein Ausgestoß'ner,
wie einer, der versunken
ins tiefe Meer der Leiden,

Sage, wie kommt zu dir
einer, wie ich bin, o Herr?
(Manikkavashagar, Südindien, 9. Jh.)

Ich lobpreise seinen Namen;
ich preise ihn so hoch, wie der Himmel hoch ist,
und ich preise ihn so weit, wie die Erde weit ist.
Ich erzähle von seiner Macht
einem jeden, der stromaufwärts
oder stromabwärts fährt.
(Maler Ne-Re, Ägypten, 1500/1000 v. Chr.)

O großer Gott, du, der du alles siehst
und alles aufhebst, gib, ich bitte dich,
dass ich finde, was ich suche!
Doch möge dein Wille geschehen!
(Indianer Nordamerikas, um 1900)

Anregungen zur Fürbitte

Das richtige Gebet führt nicht aus der Wirklichkeit heraus, sondern in sie hinein.

Wir stehen in Gemeinschaft mit anderen Menschen.
Wir werden uns unserer Verantwortung bewusst.
Wir erkennen unsere Möglichkeiten.
Wir bitten:
für alle Menschen, die sich einsam fühlen,
dass sie sich nicht in sich selbst vergraben,
sondern auf andere Menschen zugehen und
Gemeinschaft erfahren.
für uns, dass wir mehr hoffen,
dass wir mehr wagen,
dass wir für andere dasein können.

Bekenntnis aus dem Glauben

„Wer Glauben hat, der zittert nicht. Er überstürzt nichts, er ist nicht pessimistisch, er verliert nicht die Nerven. Glauben, das ist die Heiterkeit, die von Gott kommt." (Johannes XXIII.)
Neben den offiziellen Texten des kirchlichen Glaubensbekenntnisses sind wir auf Glaubenszeugnisse angewiesen. Dafür bieten diese Seiten Beispiele. Sie können An-

regungen geben, mit einer Klasse oder in einer Gruppe den eigenen Glauben zu formulieren. „Heilige sind Menschen, durch die es anderen leichter wird, an Gott zu glauben."

Wir glauben,

- dass Gott die Welt erschaffen hat;
- dass Gottes Sohn für uns Mensch wurde;
- dass Gottes Heiliger Geist uns führt;
- dass unsere Liebe uns Gott ähnlich macht;
- dass wir bei Gott stets neu Vergebung finden;
- dass wir mit Christus auferstehen zu ewigem, glücklichem Leben.

Ich kenne keinen andren Herrn
als Jesus von Nazaret:
er überstand den Tod
und die Gewalt der Mächtigen.
Ich kenne keinen andren,
dem man restlos und endgültig glauben könnte,
als den Gekreuzigten und Auferstandenen:
er lebt und steht für mein Leben ein.
Ich glaube!

Ich glaube,
dass Jesus Christus uns die beste Möglichkeit
des Zusammenlebens gezeigt hat.
(Schüler, 18 Jahre)

Es bedeutet keine zufällige Anrufung, sondern einen Grundakt des christlichen Betens, wenn der Glaubende spricht: Herr, einst aus der Sichtbarkeit weggegangen, komm wieder zu uns; lebe in uns; gib uns Anteil an Dir! Und er kommt wirklich, in jedem Wort des Glaubens, das wir vernehmen; in den Geschehnissen, die uns treffen, frohe und schwere. Immerfort kommt der Herr.
(Romano Guardini)

Ich weiß, Herr, dass die Weisheit keine Antwort ist, sondern Heilung der Sprachnot ... Ich kenne die Liebe, in ihr stellt sich keine Frage mehr. Und nach und nach, von einem bezwungenen Widerspruch zum nächsten, gehe ich dem Schweigen der Fragen und so der Seligkeit entgegen.
(Antoine de Saint-Exupéry)

Frauen-Gebete
Frauen-Gedanken

nicht nur
für
Frauen

Die Grundfragen aller Menschen lauten: Wo komme ich her? Wo gehe ich hin? Was soll ich tun? Die Menschen, die die erste Frage mit dem Schöpfergott verbinden, sich als von Gott geschaffen verstehen, treten mit diesem Gott in Kontakt, sie beten. Bitte und Dank, Sorge und Freude, Sehnsucht und Glück tragen sie vor Gottes Angesicht. Über Jahrhunderte und Jahrtausende haben die Menschen gebetet und ihre Gebete auch schriftlich festgehalten. Fast alle diese Gebete stammen von Männern.
Im Folgenden sind Gebete berühmter und wenig bekannter Frauen zusammengetragen. Eröffnet wird die Textreihe durch Zitate aus der Heiligen Schrift, unter denen sich auch das Bekenntnis der Marta zu Jesus als dem Sohn Gottes befindet, das meist zugunsten des Messiasbekenntnisses des Petrus vernachlässigt wird. Andere Gebete und Gedankensplitter stammen aus weiteren Epochen der Kirchengeschichte und sind von Frauen für Frauen in unterschiedlichen Lebenszusammenhängen geschrieben worden. Bereits im Hochmittelalter nannte die Mystikerin Juliane von Norwich Gott unseren Vater und unsere Mutter. Dass Frauen heute die Gleichberechtigung der Frau einfordern, ist selbstverständlich; wer aber hätte gedacht, dass schon im 16. Jahrhundert die Ordensgründerin und Kirchenlehrerin Teresa von Avila die fehlende Anerkennung der Frau beklagte? Der Bogen wird mit Gebeten und lyrischen Texten bis hin zur

Moderne gespannt. Die ausgewählten Gebetsgedanken versuchen den verschiedenen Lebenssituationen Rechnung zu tragen, in denen Frauen heute stehen. Deshalb möchten diese Texte Leserinnen (und Leser!) zum Mitbeten, aber auch zur Auseinandersetzung mit den Inhalten einladen. Nicht zuletzt möchten sie zum persönlichen Gebet und Gespräch mit Gott anregen.

Texte aus der Heiligen Schrift

Danklied der Hanna

Der Herr macht tot und lebendig,
er führt zum Totenreich hinab und führt auch herauf.
Der Herr macht arm und macht reich,
er erniedrigt, und er erhöht.
Den Schwachen hebt er empor aus dem Staub
und erhöht den Armen, der im Schmutz liegt.
(1 Sam 2, 6–8)

Messiasbekenntnis der Marta

Ja, Herr, ich glaube,
dass du der Messias bist,
der Sohn Gottes,
der in die Welt kommen soll.
(Joh 11, 27)

Morgengebet

Herr, gib mir heute diese Gnade:
dass mein Frieden in seinem tiefsten Grund
durch nichts erschüttert wird, dass ich vielmehr
jedem Menschen, den ich treffe,
ein Wort des Wohlseins, der Freude weiß
und ihm entdecken helfe,
welch Reichtum in ihm liegt.
Gib mir ein Herz, zu groß, um meine Nöte
zu begrübeln, zu nobel, um Groll zu horten,
zu stark, um gleich in den Boden zu sinken,
zu offen, um noch irgendwen draußen zu lassen.
Herr, mein Gott, ich bitte dich um diese Gnade
für alle Menschen, die heute kämpfen wie ich,
damit der Hass sich auszehrt und Liebe wächst,
denn die Liebe und das Leben sind mit dir
auferstanden, Sieger über Hass und Tod.
Öffne unsere Augen für das Unsichtbare,
dann wird nichts den Optimismus jener knicken,
die an dich glauben und an den Menschen,
die auf dich hoffen und auf den Menschen.
Amen.
(Schwester Emanuela, Schwester der
Lumpensammler und Müllmänner von Kairo)

Gott,
ich bin froh,
eine Familie zu haben:
Menschen –
mit ihren liebenswerten Seiten,
mit ihren dunklen Seiten,
und allem dazwischen.
    Das ist meine Familie, die ich lieb habe.
    Ich bin froh,
    Gott.
    Danke.
(Elisabeth Zöller)

Sisyphos-Schwester

Gott, jeden Tag von neuem
roll ich den Stein
bergauf.
    Und dann plötzlich rollt er wieder hinunter,
    vor meinen Augen:
    Mancher zerspringt –
    und auch meine Hoffnung.
Gott, hilf mir,
immer wieder
Steine
hinaufzurollen:

Den Stein Beruf,
den Stein Haushalt,
den Stein Ehe, Kinder ...
und auch den Stein Sehnsucht
nach Ruhe,
Erfüllung
und Wärme.
　　Gott, ich sehe den Stein –
　　und jeden Tag von neuem
　　rolle ich ihn
　　abwärts und aufwärts –
　　und das ist gut so.
(Elisabeth Zöller)

Geschieden

Manchmal fühle ich mich gescheitert, Herr,
und manchmal ist da ganz tief in mir eine
neue Lebendigkeit.
Die Leute wissen nicht, wie lange ich gezögert habe,
den Trennungsstrich zu ziehen
– aber Du weißt es.

Du kennst die Augenblicke, in denen
ich ihm etwas schuldig geblieben bin
– aber du kennst auch die Grenzen unserer Beziehung.

Du weißt um meine Verletztheit.
Du bist ein Gott, der heil macht,
der versteht und verzeiht.
Dafür danke ich Dir.

Ich bitte Dich für meine Kinder, Herr.
Für ihren Vater zu bitten, fällt mir schwer,
zu tief sitzt die Kränkung
– doch da tauchen alte Szenen auf,
dann weiß ich, dass es auch eine gute Geschichte
gab mit uns.

Ich brauche Mut für meinen neuen Weg, Herr.
Manchmal stürzt zu viel auf mich ein,
und manchmal fühle ich mich ganz leer
– doch da wächst auch eine neue Kraft in mir.
Bleib bei mir, Herr.

Herr meiner Seele!

Als du noch in dieser Welt wandeltest, hast du den Frauen immer deine besondere Zuneigung bewiesen. Fandest du doch in ihnen nicht weniger Liebe und Glauben als bei den Männern. Auch befand sich da unter ihnen deine heilige Mutter, deren Verdienste uns zukommen und deren Habit wir tragen.

Die Welt irrt, wenn sie von uns verlangt, dass wir nicht öffentlich für dich wirken dürfen, noch Wahrheiten aussprechen, um deretwillen wir im Geheimen weinen.
Ich glaube das nicht, Herr, denn ich kenne deine Güte und Gerechtigkeit, der du kein Richter bist wie die Richter dieser Welt, die Kinder Adams; kurz, nichts als Männer, die meinen, jede gute Fähigkeit bei einer Frau verdächtigen zu müssen.
Ich spreche hier nicht für mich selbst, denn die Welt kennt meine Schwachheit, und das ist mir lieb. Aber ich werfe unserer Zeit vor, dass sie starke und zu allem Guten begabte Geister zurückstößt, nur weil es sich um Frauen handelt.
(Teresa von Avila, 16. Jh.)

Überlegung

Eigentlich wollte ich dir den Faun
und den Wald mit dem Bussard vererben,
nicht nur den Stacheldrahtzaun
und das Fischesterben.
  Eigentlich dachte ich, Frieden sei Glück
  und nicht bloß eine Vokabel.
  Doch immer kehren die Tauben zurück
  ohne den Ölzweig im Schnabel.

Vielleicht ist der Ölbaum schon umgehaun,
da machen Worte nichts besser.
Auch die Brücken, die wir aus Worten baun,
gehn über totes Gewässer.
    Jetzt klagen mich deine Augen an
    und wollen mir nicht vergeben.
    Vielleicht hab ich doch nicht genug getan
    für das Leben.
(Dagmar Nick)

Im Auf und Ab meines Lebens

Ich schaue zurück
auf die Spur meines Lebens,
folge dem Auf und Ab,
den Biegungen und Kreuzungen,
verweile bei Menschen und Ereignissen,
die mich geprägt haben.
    Wie bin ich hierhergekommen?
    Wer gab mir Kraft und Mut,
    Altes zu verlassen und Neues zu wagen,
    Schwierigkeiten zu überwinden,
    in der Wüste Wasser zu suchen
    und im Dunkel auf das Licht zu hoffen?
Du bist es, mein Gott, der mich zum Leben rief.

Du bist es,
der mich führte und stärkte.
Du hörtest mein Rufen
und holtest mich aus der Tiefe heraus.
Für Augenblicke verbargst du dein Antlitz,
vergaßest mich scheinbar,
ließest mich im Dunkeln allein.
Doch nach jeder Nacht der Angst
kam ein Morgen mit neuer Verheißung,
und du schenktest mir neues Leben.
Ich weiß jetzt:
Deine Güte ist immer bei mir,
du begleitest mich ein Leben lang.
Darum danke ich dir, mein Gott,
aus ganzem Herzen
und mit all meinen Kräften. Amen.
(Lotti Brun, nach Psalm 30)

Nicht der Tod
wird mich holen,
sondern der gute Gott.
(Theresia vom Kinde Jesu, † 1897)

Ein Leben nach dem Tod

Glauben Sie fragte man mich
An ein Leben nach dem Tode
Und ich antwortete: ja
Aber dann wusste ich
Keine Auskunft zu geben
Wie das aussehen sollte
Wie ich selber aussehen sollte
Dort
Ich wusste nur eines
Keine Hierarchie
Von Heiligen auf goldnen Stühlen sitzend
Kein Niedersturz
Verdammter Seelen
Nur
Nur Liebe frei geworden
Niemals aufgezehrte
Mich überflutend
Kein Schutzmantel starr aus Gold
Mit Edelsteinen besetzt
Ein spinnwebenleichtes Gewand
Ein Hauch
Mir um die Schultern
Liebkosung schöne Bewegung
Wie einst von tyrrhenischen Wellen
Wie von Worten die hin und her

Wortfetzen
Komm du komm
Schmerzweb mit Tränen besetzt
Berg- und Tal-Fahrt
Und deine Hand
Wieder in meiner
So lagen wir lasest du vor
Schlief ich ein
Wachte auf
Schlief ich ein
Wache auf
Deine Stimme empfängt mich
Entlässt mich und immer
So fort
Mehr also, fragen die Frager
Erwarten Sie nicht nach dem Tode?
Und ich antworte
Weniger nicht.
(Marie Luise Kaschnitz)

Maria

Wir preisen in Dir
den Glaubensmut der Frau,
die Hoffnungskraft unserer Schwester
die Liebesfähigkeit der Mutter.

Wir beten mit Dir an
die unermessliche Barmherzigkeit des Vaters,
die grenzenlose Liebe des Sohnes,
die den Tod überwindende Lebenskraft
des Geistes.
Wir bitten mit Dir,
um die Weite des Glaubens gegen alle
Betäubungsversuche,
um die Gnade der Hoffnung in allen
Dunkelheiten des Lebens,
um die Kraft der Liebe.

Wer bist du, süßes Licht,
das mich erfüllt
und meines Herzens Dunkelheit erleuchtet?
Du leitest mich gleich einer Mutter Hand,
und ließest du mich los,
so wüsste keinen Schritt ich mehr zu gehen.
Du bist der Raum,
der rund mein Sein umschließt und in sich birgt.
Aus dir entlassen entsänk' es in den Abgrund
des Nichts, aus dem du es zum Licht erhobst.
Du, näher mir als ich mir selbst,
und innerlicher als mein Innerstes
und doch untastbar und unfassbar

und jeden Namen sprengend:
Heiliger Geist – ewige Liebe!
(Edith Stein, † 1942)

Ich will dich noch lieben, wo meine Liebe zu dir endet. Ich will dich noch lieben, wo ich dich nicht mehr will. Wo ich selbst anfange, da will ich aufhören, und wo ich aufhöre, da will ich ewiglich bleiben. Wo meine Füße sich weigern, mit mir zu gehen, da will ich mich einknien, und wo meine Hände versagen, da will ich sie falten.
(Gertrud von Le Fort, † 1971)

Ebenso wahrhaft wie Gott unser Vater ist,
so wahrhaft ist Gott auch unsere Mutter.
Als Vater beschließt Er, als Mutter wirkt Er;
der Heilige Geist aber, unser guter Herr, bestätigt.
Daher ist es an uns, unseren Gott zu lieben,
in welchem wir unser Sein haben,
Ihm, der uns geschaffen hat,
ehrfürchtig zu danken und Ihn zu preisen.
Voll Ernst und Eifer sollen wir zu unserer Mutter
um Barmherzigkeit und Erbarmen flehen
und zu unserem Herrn, dem Heiligen Geist,

um Hilfe und Gnade.
Denn in diesen Dreien ist unser ganzes Leben beschlossen:
Natur, Barmherzigkeit und Gnade.
(Juliane von Norwich, 13./14. Jh.)

Gott,
Deinen mütterlichen Segen
erbitten wir.
Deine Zärtlichkeit und Liebe
umfange und halte uns.
Deine Kraft stachle uns an.
Deine Weisheit sei unsere Ratgeberin.
Heute, morgen, immer.
Darauf vertrauen wir
mit unseren Schwestern und
Brüdern im Volk Israel,
in der Jüngerschaft Jesu,
in der Geschichte der Kirche,
in diesem Kreis. Amen.
(Ulla Kamps-Blass)

Gott allein genügt.
(Teresa von Avila, 16. Jh.)

Herrgott, ich bin allein zu schwach,
Hilf mir in diesem Streite,
Sei du durch dieses Ungemach
Des schwanken Schritts Geleite.
Die Hände dein sind voller Glut,
Voll eitel Kraft und Leben.
Mein Herz erstirbt; gib neuen Mut,
Der Hölle zu entschweben.

Herrgott, es steigt der trübe Schwall
Zum Halse mir zum Ersticken,
Laß deiner Stimme Frühlingsschall
Mich hören und erquicken.
Mach, dass die Flut mich nicht verschlingt,
Dass unter deinem Schirme
Ich auf den Wellen starkbeschwingt
Wie eine Schwalbe stürme.

Hier lacht kein Freundesangesicht,
Der Sterblichen Gebete
Vergingen wie ein qualmend Licht,
Wenn nicht dein Hauch hier wehte.
Herrgott, mein töricht Wunsch und Wahn
Weiß nicht, was Nutz und Schade;
Was mir von dir wird angetan,
Sieg oder Tod, das nehm ich an,
Das fließt vom Quell der Gnade.
(Ricarda Huch)

Worte des Lebens

Gebete und Gedanken großer Beter

„Herr, öffne mir die Lippen, und mein Mund wird deinen Ruhm verkünden" (Ps 51, 17), singt der Psalmist. Und so wie er haben zahllose Christen gebetet und Gebete geformt, von denen einige sich durch die Zeitläufe erhalten haben. Unter diesen Gebeten sind nicht nur die für uns interessant, die die besonderen Gedanken einzelner Menschen formulieren, sondern gerade die zeitlosen Gebete. Grundsätzliche Gedanken, ohne zeitliche Bindung, sind wie vererbte Schätze, die immer wieder neu gehoben werden können; denn Gebete erschließen sich dem Beter durch beten!
Vielleicht ist es dem einen oder anderen neu, dass man in Gebeten nicht nur Lob und Bitten findet, sondern auch Selbstironie, ja Humor, dass man auch um Humor beten kann – und wer hätte den nicht nötig?
Lassen Sie sich einladen, den Schatz der Gebete mitzuheben. Lassen Sie sich auf die Texte ein ... und Sie werden bald merken, wirklich gute Gebete beten sich fast von selbst.

Morgengebet

Im Namen
des Vaters
und des Sohnes
und des Heiligen Geistes
ich gebe mich

in die Macht des Vaters
in die Weisheit des Sohnes
in die Güte des Heiligen Geistes
ich schenke mich
dir
Gott
auch für den heutigen Tag
sei du mir
Geborgenheit und Schutz
denn dein Sohn
hat unser aller Kreuz getragen.
(Nach einer alten Straßburger Handschrift)

Wie leicht ist es für mich,
mit dir zu leben, Herr!
An dich zu glauben,
wie leicht ist es für mich!
Wenn ich zweifelnd nicht mehr weiter weiß
und meine Vernunft aufgibt,
wenn die klügsten Leute nicht weitersehen
als bis zum heutigen Abend
und nicht wissen,
was man morgen tun muss –
dann sendest du mir
eine unumstößliche Gewissheit,

dass du da bist
und dafür sorgen wirst,
dass nicht alle Wege zum Guten gesperrt werden.
(Alexander Solschenizyn)

Über das Gebet

Das Gebet,
das ein Mensch
nach bestem Können verrichtet,
hat große Kraft.
Es macht ein bitteres Herz süß,
ein trauriges froh,
ein armes reich,
ein törichtes weise,
ein verzagtes kühn,
ein schwaches stark,
ein blindes sehend.
Es zieht den großen Gott
in das kleine Herz;
es trägt die hungrige Seele empor
zu Gott, dem lebendigen Quell,
und bringt zusammen zwei Liebende:
Gott und die Seele.
(Gertrud die Große, † 1304 im Kloster Helfta)

Christus
hat keine Hände,
nur unsere Hände,
um seine Arbeit zu tun.

Er
hat keine Füße,
nur unsere Füße,
um Menschen auf seinen Weg zu führen.

Christus
hat keine Lippen,
nur unsere Lippen,
um Menschen von sich zu erzählen.

Er
hat keine Hilfe,
nur unsere Hilfe,
um Menschen an seine Seite zu bringen.

Wir
sind die einzige Bibel,
die die Öffentlichkeit noch liest.

Wir
sind Gottes letzte Botschaft,
in Taten und Worte geschrieben.
(Gebet aus dem 14. Jahrhundert)

Bekenntnis vor Gott

Groß bist du, Herr,
und hohen Preises würdig überaus;
groß ist deine Kraft, und deine Weisheit ohne Maß.
Und es will dich loben der Mensch,
deiner Schöpfung nur ein Teil;
ja der Mensch, der mit sich herumträgt seine
Sterblichkeit, herumträgt das Zeugnis seiner Sünde
und auch das Zeugnis, dass du „den Stolzen widersteht“
und dennoch, loben will dich der Mensch,
nur ein Teil deiner Schöpfung.
Du machst es, dass dein Lob Erquickung ist;
denn zu dir hin hast du uns erschaffen,
und unruhig ist unser Herz, bis es ruht in dir.
Lass mich, Herr, es wissen und begreifen,
was denn früher sei:
dich anzurufen oder dich zu loben;
früher, dich zu erkennen oder dich zu rufen.
(Augustinus, aus den ‚Bekenntnissen‘)

Ich glaube an den heiligen Gott

Ich glaube, dass er meine Vorurteile abbauen kann.
Ich glaube, dass er meine Gewohnheiten ändern kann.
Ich glaube, dass er meine Gleichgültigkeit überwinden kann.
Ich glaube, dass er mir Phantasie zur Liebe geben kann.
Ich glaube, dass er mir Warnung vor dem Bösen geben kann.
Ich glaube, dass er mir Mut für das Gute geben kann.
Ich glaube, dass er meine Traurigkeit besiegen kann.
Ich glaube, dass er mir Liebe zu Gottes Wort geben kann.
Ich glaube, dass er mir Minderwertigkeitsgefühle nehmen kann.
Ich glaube, dass er mir Kraft zum Leiden geben kann.
Ich glaube, dass er mir einen Bruder an die Seite geben kann.
Ich glaube, dass er mein Wesen durchdringen kann.
(Karl Rahner)

Allein den Betern kann es noch gelingen,
Das Schwert ob unsern Häuptern aufzuhalten
Und diese Welt den richtenden Gewalten
Durch ein geheiligt Leben abzuringen.

Denn Täter werden nie den Himmel zwingen;
Was sie vereinen, wird sich wieder spalten,
Was sie erneuern, über Nacht veralten,
Und was sie stiften, Not und Unheil bringen.

Jetzt ist die Zeit, da sich das Heil verbirgt,
Und Menschenhochmut auf dem Markte feiert,
Indes im Dom die Beter sich verhüllen,

Bis Gott aus unsern Opfern Segen wirkt.
Und in den Tiefen, die kein Auf entschleiert,
Die trocknen Brunnen sich mit Leben füllen.
(Reinhold Schneider)

Gebet einer alten Nonne

Herr, du weißt es besser als ich selbst,
dass ich älter werde und eines Tages alt bin.
Bewahre mich vor der unheilvollen Angewohnheit
zu meinen, ich müsse zu allem etwas sagen
und das bei jeder Gelegenheit.

Befreie mich von dem Verlangen, jedermanns Angelegenheiten in Ordnung bringen zu wollen. Mache mich bedachtsam und nicht schwermütig, hilfsbereit, jedoch nicht herrschsüchtig.

Angesichts meines unermesslichen Vorrates an Lebenserfahrung erscheint es mir bedauerlich, nicht alles zu nützen, aber du weißt, Herr, dass ich ein paar Freunde haben möchte am Ende.

Bewahre mich davor, endlose Einzelheiten aufzuzählen; verleihe mir Flügel, zur Hauptsache zu kommen. Versiegle meine Lippen, was meine Schmerzen und Leiden anbelangt.
Sie nehmen zu, und die Lust daran, sie aufzuzählen, wird wohltuender mit den Jahren.
Um soviel Gnade zu bitten, dass ich an den Erzählungen über die Schmerzen anderer Gefallen finden könnte, wage ich nicht; hilf mir jedoch, sie in Geduld zu ertragen.

Ich wage es nicht, ein besseres Gedächtnis zu erbitten, wohl aber zunehmende Bescheidenheit und abnehmende Selbstsicherheit, wenn meine Erinnerung mit den Erinnerungen anderer in Widerspruch zu stehen scheint.

Führe mich zu der großartigen Erkenntnis,
dass ich mich gelegentlich auch irren könnte.

Trage Sorge dafür, dass ich einigermaßen
liebenswürdig bin; ich möchte keine Heilige sein
– mit manchen von ihnen ist es so schwer zu leben –,
aber eine sauertöpfische alte Person ist eines
der hervorragenden Werke des Teufels.

Schenke mir die Fähigkeit, Gutes zu entdecken
an Orten, an denen ich es nicht erwarte
und Begabungen in Menschen, denen ich sie nicht zutraue.
Und gib mir, o Herr, die Gnade,
es ihnen auch zu sagen. Amen.

Du allgewaltiger Gott, du weißt,
was meinem Tun allein gebricht,
was meines Sehnens Not.
Nicht Gold erbitt ich und kein Zepter,
wie der vor Habgier Blinde,
noch Stadt, noch Burg, noch schimmerndes Gestade,
nur dies: wo ich dich finde, schlag in mein Herz
die Wunde deiner Gnade.
(Girolamo Savonarola)

Wenn alle untreu werden,
So bleib ich dir doch treu,
dass Dankbarkeit auf Erden
Nicht ausgestorben sei.
Für mich umfing dich Leiden,
Vergingst für mich in Schmerz;
Drum geb ich dir mit Freuden
Auf ewig dieses Herz.

Oft muss ich bitter weinen,
dass du gestorben bist
Und mancher von den Deinen
Dich lebenslang vergisst.
Von Liebe nur durchdrungen
Hast du so viel getan,
Und doch bist du verklungen,
Und keiner denkt daran.

Du stehst voll treuer Liebe
Noch immer jedem bei;
Und wenn dir keiner bliebe,
So bleibst du dennoch treu;
Die treuste Liebe sieget,
Am Ende fühlt man sie,
Weint bitterlich und schmieget
Sich kindlich an dein Knie.

Ich habe dich empfunden,
O lasse nicht von mir;
Lass innig mich verbunden
Auf ewig sein mit dir.
Einst schauen meine Brüder
Auch wieder himmelwärts
Und sinken liebend nieder
Und fallen dir ans Herz.
(Novalis)

Noch einmal, eh' ich weiterziehe
und meine Blicke vorwärts sende,
heb' ich vereinsamt meine Hände
zu dir empor, zu dem ich fliehe,
dem ich in tiefster Herzenstiefe
Altäre feierlich geweiht,
dass allezeit
mich deine Stimme wieder riefe.

Darauf erglüht tief eingeschrieben
das Wort: Dem unbekannten Gotte.
Sein bin ich, ob ich in der Frevler Rotte
auch bis zur Stunde hin geblieben;
sein bin ich – und ich fühl' die Schlingen,
die mich im Krampf darniederziehn

und, mag ich fliehn,
mich doch zu seinem Dienste zwingen.

Ich will dich kennen, Unbekannter,
du tief in meine Seele Greifender,
mein Leben wie ein Sturm Durchschweifender,
du Unfassbarer, mir Verwandter!
Ich will dich kennen, selbst dir dienen!
(Friedrich Nietzsche)

Der Sonnengesang

Höchster, allmächtiger, gütiger Herr,
Dein sind der Lobpreis, die Herrlichkeit,
die Ehre und jegliche Segnung,
Dir allein, Höchster, gebühren sie,
und kein Mensch ist würdig, Deinen Namen
zu nennen.

Gelobt seist Du, Herr, mit allen Deinen Geschöpfen,
besonders dem Herrn Bruder Sonne,
welcher der Tag ist, und durch den Du uns leuchtest.
Und er ist schön und strahlend mit großem Glänze,
von Dir, Höchster, trägt er den Sinn.

Gelobt seist Du, Herr, für Schwester Mond
und die Sterne.

Du hast sie im Himmel gebildet, hell, köstlich
und schön.

Gelobt seist Du, Herr, für Bruder Wind
und für Luft und Wolke
und Himmelsblau und jedwedes Wetter,
wodurch Du Deine Geschöpfe erhältst.

Gelobt seist Du, Herr, für Schwester Wasser,
gar nützlich ist sie und demütig und köstlich
und keusch.

Gelobt seist Du, Herr, für Bruder Feuer,
durch den Du die Nacht erleuchtest,
und schön ist er und fröhlich und rüstig und stark.

Gelobt seist Du, Herr, für unsere Schwester,
die Mutter Erde,
die uns erhält und uns leitet
und mancherlei Früchte hervorbringt
nebst bunten Blumen und Kräutern.

Gelobt seist Du, Herr, für alle, welche verzeihen
aus Liebe zu Dir, und Krankheit ertragen und Not,
selig, die ausharren in Frieden,
denn sie werden, Höchster, durch Dich
die Krone empfangen.

Gelobt seist Du, Herr, für unsere Schwester,
das leibliche Sterben,
dem kein lebender Mensch entrinnen kann.
Weh jenen, die in Todsünden verscheiden.
Selig, die Deinem heiligsten Willen sich fügen,
denn der zweite Tod wird ihnen kein Leid antun.

Lobet und preiset den Herrn und sagt Ihm Dank
und dient Ihm in großer Ergebung.
(Franz von Assisi)

Altchristliches Segensgebet

Der Herr sei vor dir,
um dir den rechten Weg zu zeigen.
Der Herr sei neben dir,
um dich in die Arme zu schließen
und dich zu schützen
gegen Gefahren von links und rechts.
Der Herr sei hinter dir,
um dich zu bewahren
vor der Heimtücke böser Menschen.
Der Herr sei unter dir,
um dich aufzufangen, wenn du fällst,
und dich aus der Schlinge zu ziehen.
Der Herr sei in dir,

um dich zu trösten,
wenn du traurig bist.
Der Herr sei um dich herum,
um dich zu verteidigen,
wenn andere über dich herfallen.
Der Herr sei über dir,
um dich zu segnen.
So segne dich der gütige Gott.
Amen.

Schenke mir eine gute Verdauung,
Herr, und auch etwas zum Verdauen.
Schenke mir die Gesundheit meines Leibes,
mit dem nötigen Sinn dafür,
ihn möglichst gut zu erhalten.
Schenke mir eine heilige Seele,
Herr, die das im Auge behält,
was gut ist und rein,
damit sie im Augenblick der Sünde
nicht erschrecke,
sondern das Mittel findet,
die Dinge wieder in Ordnung zu bringen.
Schenke mir eine Seele,
der die Langeweile fremd ist,
die kein Murren kennt und kein

Seufzen und Klagen,
und lass nicht zu,
dass ich mir allzuviel Sorgen mache
um dieses sich breit machende Etwas,
das sich »Ich« nennt.
Herr, schenke mir Sinn für Humor,
gib mir die Gnade,
einen Scherz zu verstehen,
damit ich ein wenig Glück kenne
im Leben und anderen davon mitteile.
Amen.
(Thomas Morus, 1478–1535)

Neujahrslied

Der du die Zeit in Händen hast,
Herr, nimm auch dieses Jahres Last
und wandle sie in Segen.
Nun von dir selbst in Jesu Christ
die Mitte fest gewiesen ist,
führ uns dem Ziel entgegen.
Da alles, was der Mensch beginnt,
vor seinen Augen noch zerrinnt,
sei du selbst der Vollender!
Die Jahre, die du uns geschenkt,
wenn deine Güte uns nicht lenkt,

veralten wie Gewänder.
Wer ist hier, der vor dir besteht?
Der Mensch, sein Tag, sein Werk vergeht:
nur du allein wirst bleiben.
Nur Gottes Jahr währt für und für,
drum kehre jeden Tag zu dir,
weil wir im Winde treiben.
Der Mensch ahnt nichts von seiner Frist.
Du aber bleibst, der du bist,
in Jahren ohne Ende.
Wir fahren hin durch deinen Zorn,
und doch strömt deiner Gnade Born
in unsere leeren Hände.
Und diese Gaben, Herr, allein
lass Wert und Maß der Tage sein,
die wir in Schuld verbringen.
Nach ihnen sei die Zeit gezählt;
was wir versäumt, was wir gefehlt,
darf nicht mehr vor dich dringen.
Der du allein der Ewige heißt
und Anfang, Ziel und Mitte weißt
im Fluge unserer Zeiten:
bleib du uns gnädig zugewandt
und führe uns an deiner Hand,
damit wir sicher schreiten!
(Jochen Klepper, 1903–1942)

Wagnis des Glaubens

Auf der Suche nach dem Leben – jenseits des Todes

Platt, unmissverständlich und vielleicht auch ein wenig höhnisch hat eine Schülerin die Bedeutung des Glaubens für ihr eigenes Leben gekennzeichnet: „Seht mich an: ich glaub' nix, – mir fehlt nix"! In ihrer Sicht der Dinge ist der Glaube nicht nötig, weil es ihr sichtbar an nichts fehlt. Ein oberflächliches Missverständnis von Glauben als bloße menschliche Pflichtleistung gegenüber Gott, das manchen Menschen eigen ist.
Andrej Sinlawski hat eine ganz andere Beziehung zum Glauben: „Glauben muss man nicht aus Tradition, nicht aus Todesfurcht, nicht auf jeden Fall, nicht deswegen, weil irgend jemand es befiehlt und irgend etwas schreckt, nicht aus humanistischen Prinzipien, nicht, um erlöst zu werden, nicht aus Originalität. Glauben muss man aus dem einfachen Grund, weil Gott existiert." Wer in seinem Leben erfährt, dass Jesus Christus lebt, der kann nicht anders reagieren als Petrus: „Herr, zu wem sollten wir gehen? Du allein hast Worte des ewigen Lebens" (Joh 6,69). Jedoch: der Glaube ist ein flüchtiger Gast; sein Verbleiben will immer wieder neu errungen werden. Glauben „hat" man nicht als Besitz oder Eigentum, – er ist Geschenk und Gnade. Vielleicht hat eben dies der Vater im Markus-Evangelium gemeint, als er zu Jesus sagte: „Ich glaube; hilf meinem Unglauben!" (Mk 9,23). Niemand kann glauben, ohne seinen Glauben gleichzeitig zu leben: durch Gebet und alltägliches Tun. Wo diese

Prägung nachlässt, da stirbt auch der Glaube . „Man verliert nicht den Glauben; er hört auf, dem Leben Form zu geben, – das ist alles“ (Georges Bernanos). Worte der Schrift, Gebete und Gedankensplitter wollen auf der Suche nach dem Glauben anregend sein.

Zwischen Glauben und Glauben
besteht ein Unterschied.
Es gibt einen Glauben,
der trennt, und einen,
der zusammenführt.
Es gibt einen Glauben,
der fordert und richtet,
und einen, der hinweist und hilft.
Es gibt einen Glauben,
der tötet, und einen,
der stützt und ermutigt.
Es gibt einen Glauben,
der zum Verständnis befreit,
und einen, der Intoleranz fördert.
Es gibt einen Glauben,
der auf den Menschen zielt,
und einen, der von ihm ablenkt.
Es gibt einen Glauben,
der Wege zur Hilfe zeigt,
und einen, der alles zum Schicksal erklärt.

Es gibt einen Glauben,
der Tränen trocknet,
und einen, der hartherzig macht.
Es gibt einen Glauben,
der Tote zum Leben erweckt,
und einen, der Leben verhindert.
Es gibt einen Glauben,
der die Phantasie anregt,
und einen, der einfallslos macht.
Zwischen Glauben und Glauben
besteht ein Unterschied.
(Dirnbeck / Gutl)

Wie schön ist es, dem Herrn zu danken,
deinem Namen, du Höchster, zu singen,
am Morgen deine Huld zu verkünden
und in den Nächten deine Treue ...
(Ps 92, 2f)

Die aber, die dem Herrn vertrauen,
schöpfen neue Kraft,
sie bekommen Flügel wie Adler.
Sie laufen und werden nicht müde,
sie gehen und werden nicht matt!
(Jes 40, 31)

Wenn ihr mich ruft,
wenn ihr kommt und zu mir betet,
so erhöre ich euch.
Sucht ihr mich,
so findet ihr mich.
Wenn ihr von ganzem Herzen
nach mir fragt, lasse ich mich
von euch finden – Spruch des Herrn.
(Jer 29, 12–14)

Ich habe doch kein Gefallen
am Tod dessen, der sterben muss
Spruch Gottes, des Herrn.
Kehrt um,
damit ihr am Leben bleibt
(Ez 18, 32)

Ich glaube – hilf meinem Unglauben!
(Mk 9, 24)

Da sagte Jesus zu den Juden, die an ihn glaubten:
Wenn ihr in meinem Wort bleibt,
seid ihr wirklich meine Jünger.

Dann werdet ihr die Wahrheit erkennen.
und die Wahrheit
wird euch befreien.
(Joh 8, 30ff)

Gerecht gemacht aus Glauben,
haben wir Frieden mit Gott
durch Jesus Christus, unseren Herrn!
(Röm 5, 1)

Glaube, der in der Liebe wirksam ist ...
(Gal 5, 6)

Ohne Glauben ist es unmöglich, Gott zu gefallen;
denn wer zu Gott kommen will, muss glauben,
dass er es ist und er denen, die ihn suchen,
ihren Lohn geben wird.
(Hebr 11, 6)

Wie der Körper ohne den Geist tot ist,
so ist auch der Glaube tot ohne Werke.
(Jak 2, 26)

Herr,
du hast mich geheilt.
Von dir kommt es, dass ich lebe.
Deine Liebe hat mich gefunden,
noch bevor ich rief.
Ich habe von dir die Heilung empfangen,
aber das Herz, das du berühren möchtest,
ist immer noch nicht in seiner Tiefe
aufgetan zum lebendigen Glauben:
das Zurückkehren, die tiefe Bekehrung
ist immer noch zu tun.
Herr,
locke mich mit der Kraft deiner Liebe.
Lass mich dankbar werden, damit das Herz,
dieses so oft in sich befangene und verzagte,
dieses so oft stumpfe und verschlossene Herz
sich weitet und öffnet
für dein größeres Wort:
„Steh auf und geh!
Dein Glaube hat dich heil gemacht."
(Johannes Bours)

Du bist jenes Licht über allem Licht,
durch das du dem Auge des Verstandes
übernatürliches Licht in solcher Fülle

und Vollkommenheit schenkst,
dass du das Licht des Glaubens verklärst.
Im Glauben hat meine Seele Leben,
und in ihm empfange und erkenne ich dich.
Im Lichte des Glaubens erwerbe ich
die Weisheit in der Weisheit des Wortes.
Im Lichte des Glaubens bin ich stark,
beständig und ausdauernd.
Lass dieses Licht nicht abnehmen
auf meinem Wege.
Es zeigt mir den Weg,
ohne es ginge ich in Finsternis.
Darum bitte ich dich, o Herr,
erleuchte mich
mit dem Licht des heiligsten Glaubens.
(Katharina von Siena)

Christus, einziger Meister,
du hast uns gesagt,
der Glaube sei einem jeden notwendig,
der zur Quelle des Lebens gelangen wolle,
und nach dem Maß des Glaubens
richte sich die Kraft der Gnade.
Nur zwei Dinge hast du uns gelehrt, Erlöser:
Glauben und Liebe...

Ich danke dir, Jesus,
dass ich durch dein Licht bis dahin gelangt bin.
Gibt es eine kürzere und wirksamere Lehre
als diese, guter Herr?
Du willst nur Glauben und forderst nur Liebe.
Was ist leichter als Gott glauben?
Was ist süßer als ihn lieben?
(Nikolaus von Kues)

Die vornehmste Kraft des Menschen
ist die Vernunft.
Das höchste Ziel der Vernunft
ist die Erkenntnis Gottes
(Albertus Magnus)

Der Glaube
ohne glaubwürdiges Leben
überzeugt nicht.

Alles, was sonst getrennt auftritt,
ist im Glauben verschmolzen:
Erkenntnis, Liebe, Tat.
(Edith Stein)

Alles, was der Glaube weiß
von der Verwirklichung der Erlösung,
vom Heil, von der Gnade,
von der Fülle der Gnade,
ist in Maria verwirklicht.
(Karl Rahner)

Man kann gläubige und ungläubige Zeiten
nicht nach ihren Vokabeln unterscheiden.
Es gibt ungläubige Zeiten,
die von Gott zu reden lieben.
Es gibt gläubige Zeiten,
die das Geheimnis beschweigen.
(Martin Buber)

An einen Gott glauben heißt,
die Frage nach dem Sinn
des Lebens verstehen.
An einen Gott glauben heißt sehen,
dass es mit den Tatsachen der Welt
noch nicht abgetan ist.
An Gott glauben heißt sehen,
dass das Leben einen Sinn hat.
(Ludwig Wittgenstein)

Der Glaube versetzt Berge,
aber die Liebe bedeckt
das kalte Gestein mit
Grün und Blumen.
(Wilhelm Raabe)

Ohne Gott zu leben, ist eine Qual...
So einen Menschen kann es gar
nicht geben, der sich nicht vor
irgend etwas beugt; wenn er
Gott verstoßen hat, so beugt
er sich vor einem Götzen –
einem hölzernen oder eingebildeten.
(F. M. Dostojewskij)

Du Herr stehst zu den Werken,
die du einmal begonnen hast.
Vollende auch meine Unvollkommenheit.
(Augustinus)

Der Glaube ist der Vogel, welcher singt,
wenn die Nacht noch dunkel ist.
(Chinesische Weisheit)

Die Herrschaft des Wissens,
das den Glauben angeblich überflüssig macht,
ist die Vergöttlichung der eigenen Gescheitheit,
– eine erschreckende Erkenntnis!
(MBH)

Der Glaube muss mit guten Werken
und Tugendkräften lebendig sein;
es darf nicht ein gedachter
Glaube sein, der im Leben nicht leuchtet.
(Johannes Tauber)

Wer Glauben hat, der zittert nicht.
Er überstürzt nicht die Ereignisse,
er ist nicht pessimistisch eingestellt,
er verliert nicht die Nerven.
Glauben – das ist die Heiterkeit,
die von Gott kommt.
(Johannes XXIII.)

In falschen Glaubensrezepten
wurzeln neue Glaubenskrisen
(MBH)

Geborgen im Leuchten Deiner Augen

Gebete und Gedanken für Liebende

Jemandem in die Augen schauen zu können ist uns Beleg für die Ehrlichkeit und Bekanntheit der Beteiligten; es setzt körperliche Nähe voraus, Bekanntheit und Vertrautheit.
Die Augen des Menschen sind Spiegel der menschlichen Seele, sagt der Volksmund, wohl weil die Augen sich weniger als Mimik und Gestik unter Kontrolle halten lassen und am ehesten den Gemütszustand verraten.
Das Leuchten der Augen eines Menschen ist uns Beleg für seine totale Ergriffenheit, seine Begeisterung – ein Licht, das von innen nach außen scheint.
In dem Leuchten der Augen eines anderen geborgen zu sein, bezeichnet nicht nur die volle Vertrautheit einer zwischenmenschlichen Beziehung – man vertraut sich, weil man in den Zielen dieser Beziehung gemeinsam treu ist, sich ihrer grundsätzlich freut.
Die Liebe der Menschen untereinander ist immer Anlass zur Mitteilung, sie will erzählt, besprochen und anderen mitgeteilt werden.
Christen, die ihr Leben aus und auf Gott deuten, verstehen ihre Liebe als Anlass zum Gebet, denn wirkliche Liebe ist nicht selbstverständlich und bedarf der Reflexion.
Die Liebe der Menschen zueinander ist in der Bibel so auch immer eines der eindrucksvollsten Bilder für die Beziehung Gottes zu den Menschen, die unter anderem im Gebet Ausdruck findet.

Die nachfolgenden Gebete sind möglicherweise nicht typisch, nicht unübertrefflich und selten auf jeden Fall zutreffend. Sie wollen Sprechhilfen sein, befähigen, selbst auf eigene Weise mit Gott ins Gespräch zu kommen, – zu beten.

Das Lied von der Liebe

Wenn ich in den Sprachen der Menschen und Engel redete, hätte aber die Liebe nicht, wäre ich dröhnendes Erz oder eine lärmende Pauke.
Und wenn ich prophetisch reden könnte und alle Geheimnisse wüsste und alle Erkenntnis hätte; wenn ich alle Glaubenskraft besäße und Berge damit versetzen könnte, hätte aber die Liebe nicht, wäre ich nichts.
Und wenn ich meine ganze Habe verschenkte, und wenn ich meinen Leib dem Feuer übergäbe, hätte aber die Liebe nicht, nützte es mir nichts.
Die Liebe ist langmütig, die Liebe ist gütig. Sie ereifert sich nicht, sie prahlt nicht, sie bläht sich nicht auf.
Sie handelt nicht ungehörig, sucht nicht ihren Vorteil; lässt sich nicht zum Zorn reizen; trägt das Böse nicht nach.
Sie freut sich nicht über das Unrecht, sondern freut sich an der Wahrheit.
Sie erträgt alles, glaubt alles, hofft alles, hält allem stand.

Die Liebe hört niemals auf. Prophetisches Reden hat ein Ende, Zungenrede verstummt, Erkenntnis vergeht. Denn Stückwerk ist unser Erkennen, Stückwerk unser prophetisches Reden; wenn aber das Vollendete kommt, vergeht alles Stückwerk.

Als ich ein Kind war, redete ich wie ein Kind, dachte wie ein Kind und urteilte wie ein Kind. Als ich ein Mann wurde, legte ich ab, was Kind an mir war.

Jetzt schauen wir in einen Spiegel und sehen nur rätselhafte Umrisse, dann aber schauen wir von Angesicht zu Angesicht. Jetzt erkenne ich unvollkommen, dann aber werde ich durch und durch erkennen, so wie ich auch durch und durch erkannt worden bin.

Für jetzt bleiben Glauben, Hoffnung, Liebe, diese drei; doch am größten unter ihnen ist die Liebe.

(1 Kor 13)

Der Weg in die Seligkeit

Selig,

die das Interesse des anderen lieben wie ihr eigenes –
denn sie werden Frieden und Einheit tiften.

Selig,

die immer bereit sind, den ersten Schritt zu tun –
denn sie werden entdecken, dass der andere viel
offener ist, als er es zeigen konnte.

Selig,
die nie sagen: Jetzt ist Schluss!
Denn sie werden den neuen Anfang finden!
Selig,
die erst hören, dann reden –
denn man wird ihnen zuhören.
Selig,
die das Körnchen Wahrheit in jedem Diskussionsbeitrag heraushören – denn sie werden integrieren und vermitteln können.
Selig,
die ihre Position nie ausnutzen –
denn sie werden das Klima prägen.
Selig,
die unterliegen und verlieren können –
denn der Herr kann dann gewinnen.
(nach Bischof Klaus Hemmerle)

Über das rechte Maß der Liebe

Herr, Du hast gesagt:
„Du sollst den Herrn, deinen Gott,
lieben mit dem ganzen Herzen,
mit ganzer Seele und mit allen
deinen Gedanken. Das ist das
wichtigste und das erste Gebot.

Ebenso wichtig ist das zweite:
Du sollst deinen Nächsten lieben
wie dich selbst."
(Mt 22, 37–39)

Herr, ich danke Dir für Deine Worte,
denn sie zeigen, wie sehr Du uns
kennst: ich muss mich selbst lieben,
damit ich andere lieben kann.
Ich muss Zeit für Gott, meinen
Nächsten und für mich finden.
Ich muss das rechte Maß finden,
um Dir, Herr, meinem Nächsten
und mir selbst gerecht werden zu können.
Herr, hilf mir, das rechte Maß
in der Liebe immer wieder zu finden.
(MBH)

Liebe gibt nichts als sich selber
und nimmt nichts als aus sich selbst heraus.
Liebe besitzt nicht und lässt nicht
besitzen. Denn Liebe genügt der Liebe.
Wenn du liebst, so sage nicht:
„Gott ist in meinem Herzen" –

sag lieber: „Ich bin in Gottes Herzen.“
Und denke nicht,
du könntest den Lauf der Liebe lenken.
Denn Liebe, so sie dich würdig schätzt,
lenkt deinen Lauf.
Liebe hat keinen anderen Wunsch,
als sich zu erfüllen.
Doch so du liebst und noch Wünsche haben
musst, so seien dies deine Wünsche:
Zu schmelzen und zu werden wie ein fließender Bach,
der sein Lied der Nacht singt.
Wund zu sein von deinem eignen Verstehn der Liebe.
Zu erwachen beim Morgenrot mit
beschwingter Seele und Dank zu bringen für einen
neuen Tag der Liebe.
Heimzukehren in Dankbarkeit,
wenn der Abend graut.
Und dann einzuschlafen mit einem Gebet
für deine Liebe im Herzen
und einem Lobgesang auf den Lippen.
(Kahlil Gibran)

Was ist das Leben ohne Liebe?
Pflicht ohne Liebe macht verdrießlich
Verantwortung ohne Liebe macht rücksichtslos

Gerechtigkeit ohne Liebe macht hart
Erziehung ohne Liebe macht widerspruchsvoll
Klugheit ohne Liebe macht gerissen
Freundlichkeit ohne Liebe macht heuchlerisch
Ordnung ohne Liebe macht kleinlich
Sachkenntnis ohne Liebe macht rechthaberisch
Macht ohne Liebe macht gewalttätig
Ehre ohne Liebe macht hochmütig
Besitz ohne Liebe macht geizig
Glaube ohne Liebe macht fanatisch
Ein Leben ohne Liebe ist sinnlos.

Zeichen der Liebe

Miteinander reden und lachen, sich gegenseitig Gefälligkeiten erweisen, zusammen schöne Bücher lesen, sich necken dabei, aber auch einander sich Achtung erweisen, mitunter sich auch streiten – ohne Hass, so wie man es wohl einmal mit sich selbst tut, manchmal auch in den Meinungen auseinandergehen und damit die Eintracht würzen, einander belehren und voneinander lernen, die Abwesenden schmerzlich vermissen, die Ankommenden freudig begrüßen – lauter Zeichen der Liebe und Gegenliebe, die aus dem Herzen kommen, sich äußern in Miene, Wort und tausend freundlichen Gesten und wie Zündstoff den Geist in Ge-

meinsamkeit entfalten, so dass aus den vielen eine Einheit wird.
(Augustinus, aus den ‚Bekenntnissen')

Gedankensplitter

Es wird hell, wenn du kommst.
(Afrikanischer Gruß)

Willst du ein Schiff bauen,
rufe nicht Männer zusammen,
um Holz zu beschaffen
und Werkzeuge vorzubereiten –,
sondern lehre sie die Sehnsucht
nach dem weiten, endlosen Meer!
(Antoine de Saint-Exupéry)

Man muss anderes Glück aufbauen,
um selbst glücklich zu sein.
(Raoul Follerau)

Ich erkenne Freundschaft daran,
dass sie sich nicht enttäuschen lässt,
und ich erkenne die wahre Liebe daran,
dass sie nicht gekränkt werden kann.
(Antoine de Saint-Exupéry)

Das Schönste, was es in der Welt gibt,
ist ein leuchtendes Gesicht.
Herr, leihe mir ein Stück Deines Mantels,
damit ich alle Menschen mit der Last ihrer
großen Sehnsucht darunter berge!
(Antoine de Saint-Exupéry)

Ein liebendes Herz
ist wie ein Springbrunnen im See –,
es bewegt stehende Wasser.
(MBH)

Wenn du das Wort Glück begreifen willst,
musst du es als Lohn
und nicht als Ziel verstehen.
(Antoine de Saint-Exupéry)

Im Schatten des Kreuzes

Gebete und Gedanken für Leidende

In einem Gedicht von Louis Aragon heißt es: „Nichts hat der Mensch je sicher. Weder seine Kraft noch seine Schwäche, noch sein Herz. Und wenn er glaubt, er breite seine Arme, wirft er einen Kreuzschatten, und wenn er glaubt, er halte jetzt das Glück, zerdrückt er es. Sein Leben ist ein seltsam quälendes Geschiedensein." Vielleicht geht es Ihnen gerade jetzt so, wie es diese Verse beschreiben: Sie sind krank, geschieden vom pulsierenden Alltag, geschwächt oder verzweifelt, vielleicht fühlen Sie sich allein gelassen, suchen fassungslos Halt, einsam mitten unter Menschen.

Den Christen sind die Schattenseiten des Lebens bewusst; für sie ist die Schattenseite jedoch kein Endpunkt, sondern Durchgang – ein Tunnel, der Angst macht, aber wieder zum Licht, einem neuen Leben führt, wie Jesus Christus uns fest versprochen hat. Zwar befinden wir uns während des Lebens „im Schatten des Kreuzes", in Leid und Tod, aber das Kreuz ist uns gleichzeitig Garantie, dass wir siegen werden. Der Schatten ist eben nicht nur Schattenseite, denn Christus sagt: „Wer an mich glaubt, wird leben, auch wenn er stirbt" (Joh 11,25).

Im Schatten des Kreuzes zu stehen macht Krankheit, Schmerz und Tod nicht weniger hart – die Härten des Menschseins haben auch Christus Blut schwitzen lassen. Doch das Wissen um die Unausweichlichkeit des Todes, das daraus abgeleitete Annehmenlernen des Un-

abweisbaren, das Leben im Bewusstsein, dass dies der letzte Augenblick sein könnte – das sind Punkte, in denen sich Christen von anderen unterscheiden. Im Schatten des Kreuzes zu leben heißt: eine Perspektive über den Tod hinaus zu haben, zu wissen um die unbeschreibliche Liebe Gottes, die niemanden und nichts fallen lässt. Diese Perspektive, die sich im Schatten des Kreuzes ergibt, will erkämpft, „er-betet", reflektiert und meditiert werden – nicht erst am Lebensende. Der Psalmist lehrt darum: „Herr, lehre uns bedenken, dass wir sterben müssen, auf dass wir klug werden" (Ps 90,12).

Ich bitte Herr:
Nimm meine Gesundheit,
meine Krankheit, mein Leben, meinen Tod
in deine Hand.
(Blaise Pascal)

Lass mich nicht bitten, vor Gefahr bewahrt zu werden, sondern ihr furchtlos zu begegnen,
lass mich nicht das Ende der Schmerzen erflehen, sondern das Herz, das sie besiegt,
lass mich auf dem Kampffeld des Lebens nicht nach Verbündeten suchen, sondern nach meiner eigenen Stärke,

lass mich nicht in Sorge und Furcht nach Rettung
rufen, sondern hoffen, dass ich Geduld habe, bis
meine Freiheit errungen ist,
gewähre mir, dass ich kein Feigling sei, der deine
Gnade nur im Erfolg erkennt;
lass mich aber den Halt deiner Hand fühlen, wenn
ich versage.
(Rabindranat Tagore)

Nichts soll dich ängstigen,
nichts dich erschrecken.
Alles geht vorüber.
Gott allein bleibt derselbe.
Alles erreicht der Geduldige,
und wer Gott hat, der hat alles.
Gott allein genügt.
(Teresa von Avila)

Herr, gib mir Mut, das zu ändern,
was ich ändern kann;
gib mir die Bereitschaft, das zu tragen,
was ich nicht ändern kann.
Gib mir die Weisheit, zwischen beiden
unterscheiden zu können.
(nach Epiktet)

Im Tod ist Leben

Herr, lass unser Kindsein dir entgegen wachsen, so wie die Blumenknospen sich im Frühjahr deiner wärmenden Sonne entgegen recken;
lass unser Erwachsensein gelingen, so wie sich die Bäume im Sommerwind wohlig wiegen, wenn sie dein Licht empfangen, durch das sie leben;
lass unser Altern zu Weisheit reifen, so wie die Herbstsonne der Traube vollendete Süße schenkt und der Altweibersommer rotbacken den Sommer krönt;
lass unser Sterben Leben spendend sein, so wie der Winter sein schneekristallenes Kleid sorgsam über den Leib der Erde breitet, damit das Tote neu geboren werden kann.
Herr, lass uns stets auf dich hin wachsen, der du uns an jedem Ende neuer Anfang bist.
(MBH)

Via Dolorosa

Vorbei an Stoffen und Ölen
dem Geschrei der Händler
dem Mokkaduft und den Wasserpfeifen
Teppichen und Tonkrügen
den Leicas und Provianttaschen
den gut ondulierten Köpfen der Damen

gehst Du, Jesus,
noch immer die alte Straße
hinauf nach Schädelstadt
schleppst Dein Kreuz
schwitzend und müde
fällst vor der Station
wo die Kerzen brennen zu Deinem
Andenken
siehst Dich nicht um
und wendest Dein Gesicht zu Boden
lässt die Tränen nicht sehn
über Dein Volk
das geliebte Volk von Jerusalem
Kyrie eleison
In dieser argen Verkleidung
des Narren im Blutschweiß
Dornenkrone Narrenkappe
schleppst Du Dich hin
wo man Dir die Erhöhung zugedacht hat
verlassner König ohne Land
Jesus ohne Land
Du mein lieber Herr
Ich gehe hinter Dir her
feige und gar nicht leidenswillig
geil und neidisch
und eifersüchtig und ängstlich

der ich bin, geht hinter Dir her
und du gehst mir auch
für meine Sünden voran
an den Pfahl, den sie gleich errichten werden
und von dort oben angenagelt
hast Du alles im Blick
die Erde, uns alle: erbarme Dich unser.
(E. K.)

Gebet für den verstorbenen Ehepartner

Vater, du hast meinen Mann (meine Frau) zu dir genommen. Wir sind ein Stück unseres Lebens miteinander gegangen. Wir haben vieles miteinander geteilt, Freud und Leid, frohe und schwere Stunden. Es war schön, wenn auch nicht immer leicht. Dafür danke ich dir. Nun hat mein Mann (meine Frau) zuerst das Ziel erreicht. Ich bleibe allein zurück. Lohne ihm (ihr) alle Liebe und Treue mit ewiger Freude; mir aber gib Kraft zu sagen: dein Wille geschehe, auch wenn dein Weg unbegreiflich ist. Und lass uns im Himmel mit dir vereint sein. Maria, Trösterin der Betrübten, bitte für uns.
(Gotteslob)

Ich bin überzeugt, dass die Leiden der gegenwärtigen Zeit nichts bedeuten im Vergleich zu der Herrlichkeit, die an uns offenbar werden soll. Denn die ganze Schöpfung wartet sehnsüchtig auf das Offenbarwerden der Söhne Gottes. Die Schöpfung ist der Vergänglichkeit unterworfen, nicht aus eigenem Willen, sondern durch den, der sie unterworfen hat; aber zugleich gab er ihr Hoffnung. Auch die Schöpfung soll von der Sklaverei und Verlorenheit befreit werden zur Freiheit und Herrlichkeit der Kinder Gottes. Denn wir wissen, dass die gesamte Schöpfung bis zum heutigen Tag seufzt und in Geburtswehen liegt. Aber auch wir, obwohl wir als Erstlingsgabe den Geist haben, seufzen in unserem Herzen und warten darauf, dass wir mit der Erlösung unseres Leibes als Söhne offenbar werden. Denn wir sind gerettet, doch in der Hoffnung. Hoffnung aber, die man schon erfüllt sieht, ist keine Hoffnung. Wie kann man auf etwas hoffen, das man sieht? Hoffen wir aber auf das, was wir nicht sehen, dann harren wir aus in Geduld.
(Römer 8, 18–30)

Herr, rette mich!
Ich versinke im tiefen Schlamm
und finde keinen Grund.
Das Wasser geht mir bis an die Kehle!
Ich bin in tiefe Wasser geraten,
und die Flut will mich ersäufen.
Ich habe mich müde geschrien,
meine Kehle ist heiser.
Meine Augen sind dunkel geworden
über dem langen Ausschauen an meinem Gott.
ich aber bete zu dir, Herr.
In deiner großen Güte erhöre mich
und steh mir mit deiner Hilfe bei.
Errette mich aus dem Schlamm,
dass ich nicht versinke,
aus den Wassertiefen zieh mich empor,
dass mich nicht die Flut überspült
und die Tiefe mich nicht verschlingt,
dass nicht der Brunnen seinen Schlund
über mir schließt.
(Psalm 69)

Gebet um einen guten Tod

Herr, wenn heute von einem guten Tod gesprochen wird, wünschen sich die Menschen einen schnellen, schmerzlosen Tod, ein Sterben im Schlaf.

Früher war ein guter Tod ein bewusstes Sterben, ein Tod, der nicht unangekündigt und plötzlich kam, sondern Zeit ließ zur Regelung aller ungelösten Fragen.

Der plötzliche, schnelle Tod verlangt von uns nicht die Auseinandersetzung mit dem Heute und Jetzt und dem Sterben; er ist ein Schlusspunkt, ein Schicksal, das nicht bedacht werden muss.

Meinen Tod wünsche ich mir anders: ein Sterben, das mir Zeit lässt für einen geordneten Abschied und Zeit zur Vorbereitung auf das ganz Andere.

Herr, wir werden nicht erst sterben, wenn wir vom Leben in den Tod gehen, sondern wir leben sterbend lebenslänglich dem Tod entgegen; das meint der Psalmist, wenn er betet: „Herr, lehre uns bedenken, dass wir sterben müssen, auf dass wir klug werden."
(MBH)

Gebet des Jona

Ich rufe zum Herrn in meiner Angst,
und er erhört mich.
Ich schreie aus dem Rachen der Hölle,
und er hört meine Stimme.
Du warfst mich in die Tiefe, mitten ins Meer,
die Fluten erfassten mich.
Alle deine Wogen und Wellen gingen über mich hin.
Ich dachte: Ich bin vertrieben,
verstoßen aus deiner Nähe!
Wie sollte ich wieder aufschauen
zu deinem heiligen Tempel!
Die Wasser gehen mir an die Kehle,
die Flut umgibt mich,
Schilf schlingt sich mir um das Haupt.
Zu der Erde Gründe sank ich hinab,
der Erde Riegel schlossen auf ewig mich ein.
Aber du rettest mein Leben aus dem Verderben,
Herr, du mein Gott!
Mein Gebet dringt zu dir in deinen heiligen Tempel.
Die sich an nichtige Götter halten,
verlieren, was ihnen lieb ist.
Ich aber will mit Worten des Danks dir opfern.
Ich gelobe dir: Ich will es erfüllen.
Denn du, Herr, hilfst mir.
(Jona 2)

Psalm einer Depression

Aus der Tiefe meiner Niedergeschlagenheit rufe ich zu Dir, und ich hoffe, Du hörst mich, denn ich fühle mich verlassen, deprimiert und hoffnungslos. Alle Freude ist aus mir geflohen, und die Schwärze meiner Verzweiflung hat mich verschluckt. Ich weine über die Menschen, die herumhetzen und unglücklich sind und es nicht merken. Ich weine über unsere zerstörte Welt und über die Lieblosigkeit, mit der Menschen sich gegenseitig quälen, und über das Böse, das Gutes unsichtbar macht – vorübergehend. Zu Dir rufe ich, und ich hoffe, Du weißt, wie weit mich meine Traurigkeit von Dir entfernt hat. Aber Du lässt mich wieder aufwachen und neue Kraft spüren, weil Du mich nicht verlässt. Du schickst mir Kinder, die mir vertrauen und mir zulachen, und gute Freunde, die mich ertragen, wenn ich mürrisch bin und mich verstecke in meinen vier Wänden. Du bist es, der mir lauter Freuden schickt, die das Eis in mir zum Tauen bringen, und meine Schritte werden sicherer. Fallen lassen kann ich mich wie ein Kind in Deine Hände, und Hoffnung kehrt zurück und Mut, und ich kann wieder lieben. Deshalb bin ich wieder glücklich.
(Annemarie Knorpp)

Gedanken einer Kranken

Ich weiß um die zeitliche Begrenzung der Dinge, habe sie noch nie so gefühlt wie jetzt; und darum lebe ich zum ersten Mal mit der Gegenwart. Ein Tag ist ein Tag und ist nicht gestern oder morgen und das bedeutet viel.
(Christine Bach)

Gebet eines kranken Jugendlichen

O Herr, hilf mir.
Ich bin wie in einer Schachtel,
die mit Seilen verschnürt ist.
Hilf mir, diese Seile zu durchschneiden,
so dass sie herabfallen.
Hilf mir dann, den Deckel zu heben,
und wirf ihn weg,
so dass ich hinaussteigen kann.

Worte der Heiligen Schrift

Fürchte dich nicht,
denn ich habe dich erlöst.
Ich habe dich bei deinem Namen gerufen.
Du bist mein! –So spricht der Herr.
(Jesaja 43, 1)

Er wird nicht zanken
und nicht schreien,
und man wird seine Stimme
nicht auf der Straße hören.
Das geknickte Rohr
wird er nicht zerbrechen
und den glimmenden Docht
nicht auslöschen.
(Mt 12, 28)

Euch gehört die ganze Welt,
das Leben und der Tod,
die Gegenwart und die Zukunft.
Alles gehört Euch!
Ihr aber gehört Christus
und Christus gehört Gott.
(1 Kor 3, 22)

Was wir einmal sein werden,
ist jetzt noch nicht sichtbar,
Aber wir wissen:
Wenn Christus kommt,
werden wir ihm ähnlich sein.
(1 Joh 3, 1)

Gedankensplitter

Worüber beklagst du dich?
Es gibt keine versäumten Gelegenheiten,
denn deine Aufgabe besteht darin,
Same zu sein.
(Antoine de Saint-Exupéry)

Wenn Du traurig bist,
dann geh' und tröste einen Traurigen.
(Chinesisches Sprichwort)

Der Gott unseres Glaubens
ist der Grund unserer Hoffnung,
nicht Lückenbüßer für unsere Enttäuschung.
(‚Unsere Hoffnung', Gemeinsame Synode)

Du kannst nur von dem leben,
was du verwandelst
und woran du täglich ein wenig stirbst,
da du dich dagegen austauschst.
(Antoine de Saint-Exupéry)

Die moderne Wissenschaft sagt,
dass nichts spurlos verschwinden kann.
Alles, was sie kennt, ist Verwandlung.
(Wernher von Braun)

„Mir geschehe nach deinem Wort"
Gott gibt den Menschen das letzte Wort.
Er wird nicht Mensch ohne den Menschen.
(Peter Köster)

Der ist töricht, der von Gott eine Antwort erwartet.
Wenn Er dich aufnimmt, wenn Er dich heilt,
so geschieht es, weil Er mit Seiner Hand deine Fragen
gleich dem Fieber von dir nimmt.
(Antoine de Saint-Exupéry)

Das Kleine ist die Verheißung des Großen
und die Zeit das Werden der Ewigkeit.
(Karl Rahner)

Nicht die Wahrheit ist tödlich –
tödlich sind immer nur die Teilwahrheiten.
(MBH)

Es kommt auf die Stille
in der Seele des Menschen an
und auf die Seele des Menschen,
in der diese Stille ihren Sitz hat.
(Antoine de Saint-Exupéry)

Für jedes Menschenalter bedeutet die Zeit
ein gelindes Entsetzen ...
und doch wäre jedes Alter schön,
je weniger wir das, was ihm zukommt,
verleugnen oder verträumen oder aufschöben.
(Max Frisch)

Das Leben ist ein Geschenk,
das wir verdienen,
indem wir es hingeben.
(Rabindranat Tagore)

Die verstehen nur sehr wenig,
die nur das verstehen, was sich erklären lässt.
(Marie Ebner-Eschenbach)

Es kommt darauf an, dass du auf etwas zugehst,
nicht dass du ankommst.
(Antoine de Saint-Exupéry)

Die Welt hat ihre Nächte,
und nicht wenige.
(Augustinus)

Bete für die Vergangenheit:
„Mein Jesus, Barmherzigkeit."
Bete für die Gegenwart:
„Mein Jesus, hilf mir!"
Bete für die Zukunft:
„Mein Jesus, ich vertraue auf dich!"
(Vinzenz Palotti)

Es muss im Leben doch noch mehr
als „alles" geben.
(Graffito)